KB202955

나무 물관으로 흐르는

푸른 생명,

당신께 보냅니다.

박천순

싯딤 나무 ——— 박천순 지음

Shittim tree

좋은땅

추천사

『싯딤 나무』 출간을
주님의 이름으로 축복합니다.

이상진 (원주 온유한교회 명예장로, 시인)

 시인에게는 보통 사람과 다르게 세상을 보는 감성(感性)이 있습니다. 세상과 마음을 연결하는 나만의 독특한 언어를 가지고 감성과 대화를 합니다. 『싯딤 나무』는 시인이 하늘에서 땅으로, 땅에서 하늘로 이어지는 메시지를 독자들과 소통하기 위하여 엮어 낸 시집입니다. 신앙인으로서 삶에 대한 꾸밈없는 고백이 시집 전체에 가득 펼쳐져 있습니다. 시인이 믿음의 인생을 살면서 하나님에 대한 마음을 정갈한 시어들로 풀어 내었습니다. '신앙과 삶'에 대한 가치관을 텍스트에 더한 시들을 읽다 보면 우리도 함께 하나님께로 걸어가는 기분이 듭니다.

 〈기도하고 쉬고〉에서는 "발 딛고 있는 땅/곁에 스며 오는 사람으로/나를 빚어 가는 그분"으로 고백하면서 시인

의 삶을 주관하시는 하나님을 표현합니다. 시어 하나하나
가 포도송이처럼 송알송알 엮어져 봄볕처럼 따스한 시인
의 마음과 사랑을 온몸으로 느낄 수 있습니다.

〈동행〉에서는 "등짐의 무게를 나눌 이 없어/홀로 지고
갈 때/외롭다 외롭다/되뇌는 입술//무언가 결정하려 해
도/마음속 소음이 득실거려/생각할 수 없다//예수님과 동
행하지 못하는/영적 빈곤//단순한 믿음을 주소서/마음속
잡음을 제거하여 주소서"라고 깊은 간절함으로 하나님을
바라봅니다. 여기서 시인은 예수 그리스도의 십자가를 구
속(救贖) 상징만으로 보지 않습니다. 부활을 넘어 그리스
도의 삶을 신앙으로뿐만 아니라 자신이 발 딛고 있는 땅에
서 삶으로 공유하려고 합니다. 하나님의 말씀에, 삶이란
현실에 투덜대면서도 예수님과 동행하기를 소망하는 진
솔하고 간절한 참 그리스도인의 모습입니다.

〈질그릇〉에서는 "죽은 후 얻은 생명입니다/잘게 잘게 부
스러져//틈이 있어야 빛이 들어오듯/목마름이 있어/생수
되시는 주님의 은혜를 압니다//주님의 계획 속에 내가 있
고/은혜 속에 내 삶이 있으니//물속에서도 불 속에서도/더
단단해짐을 믿습니다//낮은 자리에서 더 따뜻한/햇살의

고마움을 품습니다"라고 하며 시인이 인생을 어떻게 살아
왔는지를 보여 주고 있습니다.

시를 쓰는 일이란 '살아 있는 모든 것들의 말'을 듣고 응
답하는 일입니다. 〈질그릇〉에서 시인은 자신의 삶을 통해
고해 성사 같은 신앙 고백을 하고 있지만, 실상은 시를 읽
는 사람들의 마음을 시로 흐르게 하고 있습니다. 독자의
마음을 얻고 있는 것입니다. 세상에서 가장 어려운 일은
'사람이 사람의 마음을 얻는 일'이라고 생텍쥐페리의 어린
왕자가 말했는데, 시인은 〈질그릇〉 시 하나로 신앙인을 넘
어 많은 사람의 마음을 얻어 내는 데 성공한 것 같습니다.
그의 시 속에는 정금과 같은 순전(純全)함이 숨어 있기 때
문입니다. 시인의 시는 우리 마음속에서 순전한 삶이 끊임
없이 자맥질하게 합니다.

6부로 나누어진 이 시집은 깊은 신앙심과 시적 감성이
조화를 이룬 삶의 모습을 발견하게 합니다. 더하여 진솔
한 가족의 풍경이 마음을 따스하게 해 줍니다. 삶으로 살
아 내지 않은 시는 언어의 유희가 되지만 삶으로 쓰인 시
는 시어 하나, 글 한 줄을 음미할 때마다 아름다운 시의 맛
을 느낄 수 있습니다. 신앙이란 일상의 바탕에서 삶의 의

미와 가치를 찾아내어 독자들에게 평화와 소망과 감동을 주는 이령(怡玲) 박천순 시인의 신앙시집 『싯딤 나무』출간에 감사하며 다시 한 번 축하를 드립니다.

시인의 말

하나님의 섭리 아래 그분의 자녀로 택하심을 받은 것은 아무리 생각해도 기적 같습니다.

하나님의 자녀가 되어 살아온 세월이 어느새 많이 흘렀지만, 난 여전히 주님 앞에서 어린아이 같습니다.

작은 일에도 상처 받고 투정 부리는 어린아이….

그래도 주님은 한결같이 나를 사랑하시고 기다려 주십니다.

독백 같은 말들을 주님께 썼습니다.

부끄러운 고백뿐이었지만, 그래도 환갑 즈음에는 신앙 시집 한 권을 꼭 출간하여 주님께 드리고 싶었습니다.

광야에 홀로 서 있는 싯딤 나무처럼 외로울 때도 주님이 계셔서 여기까지 올 수 있었습니다.

저의 사랑을 바삭하게 구워 삼위일체 하나님께 드립니다.
향기로운 제물이 되어 주님께서 조금이라도 빙그레 웃어 주시면 좋겠습니다.

사랑하는 친정 엄마와 동생들 얘기도 추억으로 남겼습니다. 엄마와 동생들 마음에 기쁨이 되기를 소망합니다.

무엇보다 하나님께서 묶어 주신 내 가족에게 최고의 사랑을 전합니다.
그대들은 내게 가장 소중한 사람입니다.

마지막으로 제 시의 독자들 모두 하나님의 사랑 안에 거하길 기도합니다.

차례

제1부 —————— 기도는 쉼을 줍니다

제6부 ─────────────── 산문들

기도는
쉼을 줍니다

기도하고 쉬고

공중에도 색깔이 있다
초록과 분홍이 흐르는
2024년 5월 2일 원주 수양관

소나무 그늘에 둘러싸인 기도실
벗어 놓은 신발은 조용하고
기도 소리는 절절하다

솔잎 수만큼 셀 수 없는 사연
십자가는 귀를 활짝 열고
작은 기도도 놓치지 않으시니

내 걱정 주님께 던져 놓고
덜어낸 만큼 가벼운 마음
햇살 아래 선다

홍조 가득 동그란 철쭉들
안녕 안녕 안녕
미처 다 나누지 못하는 인사

부드러움이 부드러움으로 이어지는
바람 꽃잎 물결
봄은 가슴에서 부풀고
사랑으로 동여 매여
서로 닮아 가는 우리들

쑥 민들레 돌나물이 봉다리 속으로
개울 속 다슬기도
구르는 웃음도 봉다리 속으로

숲 그늘은 초록 바다
쉬 전염되는 초록에
시선마다 팽창하는 싱그러움

하늘이 숲으로 내려와
치마폭에 나무 향기 묻히고
숲은 머리카락에 하늘빛 묻히고

발 딛고 있는 땅
곁에 스며 오는 사람으로
나를 빚어 가는 그분

성전에 머무는 기도

이삭 줍는 룻에게 복을 주신 하나님
가장 낮은 자의 모습으로
성전에 나옵니다
세상의 비바람에 멍들고 지쳐
빈손 들고 나옵니다

헐벗은 발일지라도 내치지 않고
씻기고 입혀 십자가 앞에 앉혀 주시는 은혜
피보다 진하게 몸속을 흐릅니다

쉼을 얻는 이 성전에서
작은 벽돌 한 장이고 싶습니다
아름다운 성전
흙 속에 녹아든 한 방울의 땀이고 싶습니다

주님 사랑으로 거듭난 생명
호흡마다 감사가 넘치니
겸손히 허리 숙여 이삭을 주우며
주님의 은혜만을 사모합니다

회개 기도

작은 상수리나무가
가는 줄기를 뻗어
커다란 상수리나무를 받치고 있다
비스듬히 기울어진
아버지의 아버지쯤 되는 나무를

조상의 죄까지 회개해야 한다는 말씀에
양팔을 벌리고 알지 못하는 죄를 받쳐 들었다

이브가 선악과를 따먹은 원죄부터 회개하면
몸속이 맑은 바람으로 채워지지만
흰 팔뚝 위에 내려앉는 멍 자국
또 다른 죄의 무게
내 안에 옹이 져 자란다

놓을 수 없는 기도의 몸짓
이 작은 상수리나무

아침 기도

내가 잠들어 있을 때도
머리 쓰다듬어 주시는 주님
그 품에서 내 영혼 잠 깨기 원합니다
주님 사랑 그 발등 상 앞에서
새 아침 맞기를 원합니다

연약한 심령에 따스한 햇살을 채우소서
용기 없는 마음에 부드러운 바람을 일으키소서
나로 나 되게 하신 하나님
오늘도 내게 주신 보화를 찾게 하옵소서

우둔한 내 안을 비우고
투명한 그릇이 되어
주님 앞에 서고 싶습니다
사랑으로 내 안을 채우고
성령의 지혜로 눈이 밝게 하옵소서

주님, 사랑하는 주님!
내게 베푸신 그 사랑으로
모든 것 이기기 원합니다

주님 사랑 의지하여 걸어가는 발길

오늘도 흔들리지 않게 하옵소서

꽃잎 기도

학교 가는 아이 배웅하다
고추 꽃 보았네

말라가며 매운 고추 맺는
작고 여린 흰 꽃
도시의 소음 공해도
거름으로 삼았구나

아침마다 피어나
학교 가는 아이
풋내도 익히고
맵내도 익히길

이 아침
꽃잎 기도 올린다

기도 시간

하나님
저는 상처 받기 싫어요
어렵고 까다로운 사람 곁에 가기 싫어요
겉으로만 사랑하는 척할 순 없어요
모두를 이해하며 살 수는 없어요
나를 힘들게 하는 사람과는 멀어질래요
얽히지 않고 그냥 지나갈래요
행복한 사람 곁에 가고 싶어요

예수님 마음에 공감하는
사랑의 사람이 되라고요?
성난 질문에 부드럽게 대답하는
온유한 사람이 되라고요?
그건 너무 어려워요

오늘도 투덜대는 나를
하나님께서 다독여 주는 시간
상처 위에 새 살이 돋아나는 시간

통성 기도

비 오는 계곡
물 흐르는 소리만 가득하다

주여 주여 주여~
한껏 소리를 질러 본다
아무리 크게 소리쳐도
물소리가 다 품고 흘러간다
아~ 아~ 아~
심장에 고인 소리
위장에 고인 소리
몸 구석구석에 뭉쳐 있던
온갖 소리를 다 내뱉는다

계곡물이 정수리로 흘러들어
발끝으로 빠져나가고
또 흘러들어 빠져나가고
물과 소리가 합해져 나를 씻긴다

잎맥이 비치는 말간 나뭇잎 한 장
바위에 딱 붙어 있다

강가에서

갈대가 중보 기도합니다
사르락 사르락 몸을 흔들며
손바닥을 맞대고
서로 기도합니다

약할수록
나는 너에게
너는 나에게 기대 기도합니다
바람이 사는 강가
기도의 멜로디 울려 퍼집니다

하늘 창고에 가득한
주님의 선물
태풍을 이긴 갈대 위로
쏟아집니다
아낌없이 반짝거리는 은혜
강가를 물들입니다

찬양 속에 계시는 주님

길가의 풀처럼 보잘것없을 때
너도 내 자녀다
불러 주신 은혜
온몸과 마음으로
찬양 드립니다

찬양 중에 마귀가 떠나가고
내 영이 맑아지니
낮은 자의 찬양을 기뻐 받으시는
주님, 감사합니다

주님께 가는 길 좁은 길
주님 기뻐하시는 그 길 앞에서
위태하고 떨릴지라도
손 내밀어 주시는 주님을 믿고
담대하게 걸어갑니다

먼지에 덮여 눈도 못 뜨던 풀꽃을
맑은 보혈로 씻어 주신 은혜
평생토록 감사 찬양하며

성전에 머무는 축복

주여, 갈망합니다

바람 광야

하나님, 저를 불쌍히 여겨 주옵소서
긍휼을 베풀어 주옵소서
연약한 몸 상처 입은 마음
찢긴 가슴으로 주님 앞에
무릎 꿇습니다

크신 손 머리에 얹어 은혜의 체온이
정수리로 흘러들게 하옵소서
호흡하게 하옵소서

절망과 위기의 순간
바람 광야로 내몰린 제 곁에
오직 주님만이 함께하십니다
주님의 긴 팔이 울타리 되어
폭풍을 막아 주실 줄 믿습니다
그 팔을 잡고 일어섭니다.

사막에도 꽃을 피우시는 하나님
이 메마른 심령에 은혜를 베푸사
촉촉한 꽃봉오리 맺게 하옵소서
바람 광야를 꽃향기로 물들이게 하옵소서

베데스다 연못

38년 된 병에서 놓임 받고 싶은데
아무도 나를 도와주지 않아요

불평하고 원망하던 마음 내려놓습니다
베데스다 연못만 사모하던
어리석음을 내려놓습니다

예수님께 고백합니다
죄와 사망의 올무에서 벗어나고 싶어요
마음속 울분에서 자유롭고 싶어요
저를 불쌍히 여겨 주세요

언제나 곁에 계신 주님
믿고 간구합니다
병에서 낫고 싶어요

낮의 생기로
밤의 건강함으로
걷고 뛰게 해 주세요

단순하게

사막 한 귀퉁이에 서 있어도
우주 가득 예수님 얼굴이 서려 있는데

내 눈은 어두워
예수님 목덜미를 밟고도 모르고
그분의 어깨를 딛고 서서
말다툼도 한다

구름이 아직 당도하지 않은 메마른 땅
바람이 곁에 와 주면 잠시 머무르다가

와~ 여기 푸른 나무가 있네
그분의 머리 아래
오래 쉬기도 하는데

세상의 고요가 모두 내게로 몰려든 듯 적막할 때
무겁게 끌고 온 두 다리
그만 여기 묻을까
고민도 하다가

이 별에서의 나의 여정
그분께 맡기고
너무 긴 생각은 내려놓고
예수님 머리카락 사이에
비밀 한 조각 묻어 놓고 일어선다

구름 그림자 이정표 삼아
걷고 또 걷는다

마음 밭

마음속에 달그락거리는
돌들이 너무 많습니다
날마다 기도하여도
울퉁불퉁한 모서리
성령의 불로 깨부수고
말씀의 쟁기로
갈아엎고 싶습니다

주님 바라보며
이 기도 멈추지 않으면
하늘 문 여시고
제 마음 밭을 경작해 주실 줄 믿습니다

우리의 웃음보다
울음에 더 귀 기울이시고
산 정상의 밝음보다
골짜기의 그늘을 더 살피시는 주님
연약한 심령을 용서하시고
은혜의 단비를 내려 주소서

내 곁에 계시는 주님
푸른 하늘빛으로 위로하시고
길가의 고운 꽃으로 위로하시고

나뭇잎과 풀의 기도도 들으시는 주님
이 눈물 못 본 척 않으시고
닦아 주실 줄 믿습니다
돌부리에 걸려 넘어지지 않게
잡아 주실 줄 믿습니다

그럼에도 불구하고

오늘도 바람에 흔들리며
마음을 소란케 했습니다
헛된 일에 걸음만 분주했습니다

아버지께서 나를 몰라 준다며
마음을 긁고 상처를 냈습니다
그것이 얼마나 아버지를 아프게 하는지

아버지 마음을 헤아리려 하지 않고
눈 맞추려 하지 않고
나 편한 대로, 내 생각만 했습니다

그럼에도 불구하고
손 내밀어 주시고
조금씩 자라게 하시는 아버지
눈물방울 모아 감사 기도 올립니다

비교하지 않겠습니다

주님,
비교하지 않겠습니다
하나밖에 없는 생명인데
비교하며 움츠러들던 시간을
용서하여 주옵소서
생명은 풀씨 하나라도 귀한데
꽃이 아니라고
순금이 아니라고
낙심하며 눈물 흘릴 때
주님 마음은 얼마나 아프셨을까요

주님,
저의 고장 난 부분을 만져 주세요
주님이 만져 주시면 나을 줄로 믿습니다
제 안에 심어 놓은 씨앗에
희망의 빗줄기를 뿌려 주세요
용기의 햇살을 비춰 주세요
주님 손 꼭 잡으면
예쁜 꽃 피울 줄로 믿습니다

동행

등짐의 무게를 나눌 이 없어
홀로 지고 갈 때
외롭다 외롭다
되뇌는 입술

무언가 결정하려 해도
마음속 소음이 득실거려
생각할 수 없다

예수님과 동행하지 못하는
영적 빈곤

단순한 믿음을 주소서
마음속 잡음을 제거하여 주소서

무거운 등짐 주님께 맡기는
담대한 믿음을 주소서

비 온 뒤

계곡 물소리 속으로 들어가
야생의 길을 오르고 올라
구름의 속살을 만진다

말랑말랑한 살결에
돋아난 씨앗들
구름은 씨방을 터뜨려
온 산에 뿌린다
안개가 숲에 내려앉는다

풀과 꽃 사이
나무와 나 사이 경계가 사라지고
시각보다 후각이 민감해지는 시간

젖은 산 내음 먹고
몸에서 풀물이 흐르는 자리
나비 한 마리 오랫동안 앉아 있다

보이지 않을 때
마음 속 기도는 더 짙어진다

속지 마세요

세상이 주는 복은
바가지에 떠 놓은 물과 같아요
한순간 쏟아지면
빈 바가지만 남아 밟히고 깨져 버려요

물이 쏟아질까
바가지가 깨질까
걱정에 매여
아무것도 할 수 없게 하는
허상에 속지 마세요

하나님이 주시는 복은
쏟아지지 않는 복
주님이 주시는 잠
주님이 주시는 음식
예배 드리는 자녀의 자유를 누려요

만물은 주님 안에서 기뻐하며
합력하여 선을 이루게 창조되었어요

가난한 심령으로
주님이 주시는 복을 사모해요
주여, 갈급합니다!
엎드려 기도해요

묵상

해 질 무렵 들에 나가 묵상한 이삭처럼
근심하지 말고 기도해요

우리 마음의 소원을 아시고
우리가 묵상할 때 일하시는 주님

기도는 하나님 자녀의 권세
아버지께서 채워 주시도록
빈 항아리 되어 아버지를 불러요

제2부

주님은
오래된 친구입니다

오래된 친구

친구에게 받은 꽃다발
쉽게 버리지 못합니다
시든 꽃잎을 떼어 내고
다시 물을 갈아 줍니다

방긋 웃던 꽃봉오리가
물속에서도 노랗게 허기가 지고
얼굴빛이 변해 가지만
깨끗했던 그 얼굴 그 향기
내 마음에 있습니다

행여 풀꽃 하나라도 밟을까
까치발 딛던 발걸음
바람결에 묻어오는 새소리에
오래 귀 기울이던 자세
생각하면 마음이 또 한 뼘 부풉니다

묵은 낙엽이 쌓이면
벌레도 키우고 꽃도 키우는
푹신한 집이 되지요

햇빛도 그늘도 깊이 감싸는
넉넉한 품이 되지요

오래된 친구는
마음의 영양제
믿음과 같습니다

큰사람

큰 나무에 깃들어야
큰사람 되지요

그늘이 넓은 나무
나뭇잎 갈피마다
부드러운 바람 품고
지친 이에게 쉼을
배고픈 이에게
풍족한 열매 주지요

밤이면 우듬지마다 별 매달고
낙심한 자에게 소망을
절망한 자에게 용기를
외로운 이에게 사랑 주는

큰 나무는 예수님
큰사람은 예수님 안에 깃든
당신입니다
예수님 닮기 원하는
바로 당신입니다

저녁 바람

뜨겁던 한낮이
힘을 푸는 시간
바람이 산책을 한다

산과 들을 휘돌아 와
창문을 두드린다
나를 가뒀던 빗장 풀고
바람의 꼬리 잡고 날아오른다

저녁의 얼굴에 생기가 돌고
시들었던 내 몸에도
신선한 공기가 채워진다

저녁마다 들로 나가
기도하던 이삭의 마음에도
하루를 위로해 주는
주님의 숨결이 가득했겠지

겨울 양수리

강변 가득 적막이 엎드려 있다

언 땅에 반쯤 묻힌 갈대
강 쪽으로 걸어가려는 발목은 잘라 내고
꿇은 무릎, 무슨 기도를 하고 있나

모래톱 위 나무들
정물이 된 풍경

오지 마라 그대여
지금은 물결도 잠든 계절

안개에 몸을 숨긴 침묵
혼자 자욱하다

레아

라헬은 눈빛이 저리 초롱한데
제 눈빛은 왜 이리 흐릿한가요?

라헬을 향한 애타는 눈길
야곱은 나에게 준 적이 없지요
왜 나는 안 되는 건가요?

내가 너를 사랑한다
내 사랑으로 만족할 수 없겠니
위로해 주시는 하나님 음성 듣지 못하고

야곱에게 인정받지 못해
평생 슬펐습니다

안나 7 여선교회

주님의 몸이신 성전에서
작은 방 하나가 맡겨졌어요

이 공간을 은혜롭게 가꾸어
하나님의 상상력에 부합하는 여선교회가 되어요

각자의 달란트로
누군가는 천장에 별을 붙이고
누군가는 벽에 그림을 그려요
창문에 레이스 커튼도 달까요

또 누구는 바닥을 쓸고 걸레질을 하고
찢어진 구석이 있으면 풀칠하여
정갈한 방을 만들어요

깨끗하고 겸손한 마음
회원 한 사람 한 사람
자신의 자리에서 힘을 보태면
얼마나 아름다운 방이 될까요
하나님 눈이 얼마나 기쁨으로 빛날까요

누구는 소프라노로 누구는 알토로
또 누군가는 메조로 우리의 소리를 합해요

주님께서 귀히 쓰시는 우리
겸손히 엎디어 간구합니다
모두 마음 합하여
서로서로 힘이 되고 위안이 되고
사랑이 되어요

주변을 밝히는 밝은 소리가 되어
하나님께 영광 올려 드리는
여선교회가 되어요

질그릇

죽은 후 얻은 생명입니다
잘게 잘게 부스러져

틈이 있어야 빛이 들어오듯
목마름이 있어
생수 되시는 주님의 은혜를 압니다

주님의 계획 속에 내가 있고
은혜 속에 내 삶이 있으니

물속에서도 불 속에서도
더 단단해짐을 믿습니다

낮은 자리에서 더 따뜻한
햇살의 고마움을 품습니다

고통

잡초가 무성한
마음속을 들여다보는 일

무엇을 뽑아야 할지
갈피를 못 잡고
멍하니 서 있는 일

예수님이 계실 곳은?

낙화

미처 여물 사이 없이
날아가 버리는 생각이다

안개에 싸인 듯
숨이 막힌 생각들
어떻게 기도해야 할지

때때로 아픈 심장
붉은 피가 맺힌다

맺힌 생각이 무거워
밤사이 떨어지는 꽃잎

맥문동

소나무 아래
맥문동 꽃이 한창이다
꽃송이가 쌀알 같다

배고픈 이름
알알이 달아 놓는다
먹어도 허기지던 정부미

입가에 버짐 핀
동생들과 나
소나무 그늘 밑에 서 있다

꽃줄기
보랏빛 등불을 켜
오래전 허기를 위로한다

추석

달이 아파트 지붕까지 찾아왔어요
달 옆에 구름도 순하게 엎드려 있어요

보름달이 차오르듯 하나님의 사랑이 차올라요
팔을 뻗으니 손끝에 달빛이 물들어요

활짝 웃는 달의 얼굴이 집안에도 있어요
마음에 생기가 새록새록 생겨요

시금치

냉장고 속 시금치
국을 끓일까
무침을 할까 망설이다
그냥 넣어 둔다

친구 집에 가니
새파란 시금치가 돋보이는
잡채가 맛있다

저녁 식탁 위
시금치는
국이나 무침이 아닌
잡채가 되어 오른다

원하던 음식이 안 되어도
시금치는 초록을 버리지 않는다
풀기를 빼고 부드럽게 엎드려
잡채의 맛을 더한다

봄의 요정이 망설인다

오늘 바람은 어제의 바람이 아니어서
춥지 않을 거야, 가벼운 외투를 입어야지
섣부른 선택을 후회하는 산책길

나무껍질 깊숙이 노크해 보는 햇살
아직은 딱딱하구나
손끝을 주머니에 말아 넣고
산비탈에 몸을 누이는 햇살
켜켜이 쌓인 낙엽만 바삭하게 굽는다

내일은 온기가 좀 더 두터워지고
나무 속살도 한결 말랑해지겠지
팔꿈치로 공기를 톡톡 쳐 본다

나무가 매달고 있는 지난가을의 열매
멀리서 보면 꽃순 같아
살캉하게 얼은 열매 녹아내리면
이거 봐 봄이 오고 있잖아
너의 목소리에도 새순이 돋겠지

봄에는 나도 풍경이 되고 싶다

능수 벚꽃 아래서 쑥을 뜯는다
늘어진 꽃숭어리가 흔들리고
꽃 이파리가 사방으로 날아다닌다
마음이 덩달아 그네를 탄다
봄 햇살이 등을 데운다, 따끈하다
겨울을 건너오느라 굳은 등이
갈아엎은 밭고랑처럼 말랑말랑해진다
이 밭에 무얼 심을까
쑥도 심고 망초대도 심고
흐드러진 벚나무도 심어 볼까

봄날 산기슭이 천국이다
쑥 봉지는 차든 말든
온몸으로 햇살 받고
온 눈으로 꽃을 보고
귓속에서 도란거리는 도랑물 소리

나도 한 점 풍경이 되어
봄바람 따라 흔들린다

당신에게 가는 길

자주 통유리에 부딪힙니다
주님께 가는 길
보이지만 나아갈 수 없습니다

마음 속 장벽
이 유리를 깨뜨릴 수 있다면
발을 베여 피가 흘러도 걸어가겠으나
깰 수 없는 이 두께
주님과 나는 꼭 이만큼
멀어져 있어

오늘도 멍든 이마로
십자가 앞에 엎드립니다

공감

동그라미가 울자
세모도 글썽거렸다
네모도 울먹였다
별은 눈물을 뚝

촉촉한 마음이 모인
예수님 나라
눈물이 달다

파릇한 새싹
다시 돋아나겠다

울고 싶을 땐

장맛비 지나간 하늘이
유난히 예쁘네요
새파란 융단 위로
하얀 폭죽 구름이 떠다녀요
새들의 노랫소리도
더 높게 울려 퍼져요

하나님도 때론
울고 싶을 때가 있으신가 봐요
한바탕 울고 나니
저리 얼굴이 맑으시잖아요

울고 싶을 때
우리도 참지 말아요
장대비처럼 울고 투정도 부리면
마음 깊은 곳에서
맑은 무지개가 떠오르겠지요

크고 작은 기쁨들이 피어나
한지에 꽃물 들듯
번져 나가겠지요

참새 농원

애기 주먹만 한 참새들
포로롱 날개로 풀잎을 톡 치고
쏟아지는 풀씨를 주워 먹어요

이웃사촌 모두 불러
이 풀잎 저 풀잎 동네잔치
저 맛난 식탁을 뺏을 수 없어요

장마 지난 채소밭에 잡초가 무성해도
제초제를 뿌릴 수 없어요

우리 집 먹거리는 하늘이 주시겠지요

제3부

사람으로 오신
하나님

성탄절 아침

어두운 광야에 빛으로 오신 주님
하얀 맨발로 꽃새벽을 몰고 오셨습니다
허름한 마구간도 생명으로 밝히시고
수정보다 맑은 영혼 동방의 별빛에 담아
춥고 매서운 이 땅을 따스하게 데우십니다

죄에 덮여 메마른 영혼을 구원하시려
축복의 설원 펼치시고
기쁜 선물로 오셨습니다
아름답고 설레는 이날
부푸는 감사로 주님을 찬미합니다

우리를 향한 사랑 너무 커
사람으로 오신 하나님
수천 수억의 햇살에 주렁주렁 매달린 은총
가난한 가슴을 풍족히 채우십니다

말로 다 못할 그리움 주님께 드리니
주님 기뻐하소서 빛나소서
크나큰 구원의 은혜 몸속에 스며
성탄의 아침 숨구멍마다 찬송 부릅니다

이슬의 은혜

새벽마다 맺혀
생명수 되시는
하나님 은혜

고멜과 같은 우리를
버리지 않으시고
끈질긴 사랑으로
찾으시는 하나님

탕자가 돌아오기를
눈이 멀도록
기다리시는 아버지

모두가 포기한
한 마리 양을 찾아
길을 떠나시는 목자

선하신 하나님의 은혜
오늘도 나를 기억하시고
마른 목 축여 주신다

부활의 주님

차가운 돌무덤 앞
고요만 엎드려 있습니다
그를 죽이라 아우성치던 군중 사라지고
다 이루었다
평화로운 주님의 얼굴
살피는 이 아무도 없습니다

사흘 뒤
용서와 사랑으로 가득 찬
주님의 눈동자 열리십니다
이 죄인 구원하시려
눈부신 빛으로 일어나신 주님!
그 사랑 너무 커 마주 볼 수 없습니다

멈추었던 태양의 온기 살아나고
얼었던 꽃봉오리 일제히 꽃을 피우는
부활의 아침
내 안의 죄 못 박을 십자가 지고
주님 앞에 나아갑니다

저주와 모욕의 십자가가
부활의 주님 앞에서
찬송과 영광의 십자가 되었으니
이제는 어둠 속에서 우는 일 없습니다
벚꽃 같은 웃음 뽀얗게 날리며
사랑하고 사랑할 일만 남아 있습니다

싯딤 나무

광야에 홀로 나무인 나무
죽은 듯하다가
약간의 빗물로 살아나고
또다시 길고 긴 건기를 견디는

당신처럼 외로운 나무입니다
어둠 속을 파고드는 뿌리
창문을 모두 잠그고 제 가슴으로 길을 낸
그의 속을 헤아려 본 적 있나요?
죽을 만큼의 물기로 까칠한 목구멍 축여 본 적 있나요?

오랜 침묵으로 키운 속살
더없이 단단하여 벌레 하나 들지 못해요
우기의 안개조차 맴돌다 가 버리면
발등에 돌멩이만 또 하나 얹히지요

광야를 즐기는 건 신과 베두인뿐이라는데
신도 베두인도 되지 못한 나무
부르튼 겨드랑이가 다 드러나도록 하나님을 경배하고
날마다 키를 키워 베두인의 이정표가 되지요

광야의 랍비 같은 나무
텐트를 메고 걷는 꿈
무성한 별 아래 한 시절 유랑을 꿈꾸기도 하지만
싯딤 나무는 광야를 벗어난 적이 없어요
깎고 다듬어 쓰실 하나님만 기다려요

아침 강

새벽을 몰아 북한강에 갔습니다
산은 아직 검은데
강물이 먼저 비늘을 벗고
안개 속에서 부풀어 오릅니다

구름 사이로 햇살이 내려와
물결 위에 겹쳐지자

고물고물 강의 아기가 태어나
온 강이 아기의 눈으로 반짝입니다

투명한 물살을 찢으며
물고기가 자맥질을 시작합니다
물고기 등 위로
재잘대는 생명이 눈부십니다

주님이 펼쳐 놓으신 하루
힘껏 뛰어 보라 하십니다

봄밤

벚꽃 만발하여 주님을 찬양해

보이지 않는 바람
노래하며 불어오네

찾아오신 하나님에
바람도 나도
두근거리는

봄밤이 환하다

무언가 있다

가만히 있으면
속에서 꼼지락꼼지락
움직이는 무언가 있다
운동화 신고
뛰쳐나오려는 무언가 있다
한달음에 숲으로 가면
비로소 숨 쉬는 무언가 있다

가쁜 숨소리 숲속으로 날리면
볼을 쓰다듬는 바람 속
활짝 웃는 무언가 있다
나무 그늘에서
환해지는 무언가 있다

닳은 뒤꿈치 끌고
여기까지 오게 한
하늘의 무언가가
내 안에 있다

하나님의 스케치북

하나님께서 사람을 만드실 때
그의 평생도 스케치해 놓으셨을까
하나님의 스케치북은 수정이 없을까

때때로 의문이 마음속에서 오르내린다

코스모스

강물 따라
바람 따라
코스모스 물결 인다

보고 싶은 마음이
색색으로 물들었나
쉬지 않고 흔드는 것은
웃자란 마음 감추려는
수줍은 몸짓인가

하고 싶은 말
안으로 안으로 가두고
송이송이 꽃잎들
하늘 향해 손 흔든다

풀지 못할 답답함
기도 속에 담아
빨간 꽃잎 한 장
강물 위에 띄운다

교회 가는 길

버스를 기다린다
하늘은 맑고 구름은 밝다
하나님께서 보고 계시는구나

버스 정류장에도 계시는 주님

복음 나무

새벽종 메아리로 세워진 교회
생명을 살리고 거듭나게 합니다
허물로 얼룩진 두 볼 십자가에 대고
기도의 씨앗 바구니에 담아 주님께 올립니다

하늘나라 드넓은 밭에 뿌려진 기도
십자가 아래 손 모을 때마다
자라나고 열매 맺습니다
주님만 아시는 내 눈물
기쁨으로 바꾸십니다

주님 은혜 다 노래할 입술 내게 없으나
때론 새소리로, 때론 바람 소리로
따스한 햇살로 주님은 다가오십니다

호흡 몇 번 하고 나면
그득했던 시간 텅 비고
메마른 주름이 흘러내리리니
어서 교회로 나오세요

주님 만난 기쁨 전하러

물동이 버려 두고 뛰어간 여인

발자국마다 복음 나무 자라납니다

성전 가족

나란히 있어도
저마다 다른 모양의 윗니 아랫니
손톱 발톱도 제각각이지요
서로 달라도
제 목소리만 돋우지 않고
함께 도와 내 몸이 되어 주는
모든 부분 부분들이 고마워요

제각기 다른 자녀들이 모여
한마음으로 성전을 섬기는 걸 보면
주님 마음은 얼마나 흐뭇하실까요
묵묵히 제 일을 하는
든든한 우리가 있으니
주님은 새벽마다 힘차게
태양의 엉덩이를 밀어 올리겠지요

아무도 알아주지 않아도
주님이 보고 계심을 믿어요
아름답고 견고한 성전
구석구석 주님의 웃음이 묻어 있음을 느껴요

주님 품이신 이곳에서

맘껏 찬양하고 기도하며

천국 가는 그날까지 기쁘게 머물래요

피어라, 손바닥 꽃

손뼉 치며 찬양하는 손들이
벙긋벙긋 피어오르는 꽃다발 같다

이른 아침 성전에 모인 사람들
작은 두 손 마주치며
첫 목소리로 찬송 부른다

손바닥 활짝 펼칠 때마다
주님 은혜 품 안으로 쏟아져
더 큰 꽃송이로 부풀어 오르고

두 손 마주 닿을 때마다
주님 향해 모아지는 경건한 마음

새벽을 깨우는 손바닥 꽃이
성전에 가득가득 피어난다

숨

단단한 얼음 아래서도 맑은 물이 흐르듯
우리 속에도 영적 맑음이 흐른다
어디 한 군데 막힘없이 흘러야 한다

겨울나무가 그 속에 푸른 생명을 품고 있듯이
하나님 형상대로 빚은 우리 안에
청아한 영이 숨 쉬고 있다

물은 얼음 밑에서 봄을 향해 흐르고
나무는 수액을 끌어 올려 새순을 피워 내듯
말씀과 기도로 내 안을 채워
겨울에도 시들지 않는 초록 이끼가 되고 싶다

나무 끝에 걸린 낮달
얼음 속에 박혀 있는 돌멩이
모두 숨이 흐르고 있다

성전 문지방

고난의 물결에 휩쓸려 쓰러질 때
주님 손 의지하여 일어나길 원합니다
성전 기둥 붙잡고 물 밖으로 나오길 원합니다

발목을 옥죄던 고통에서 벗어나
감사의 찬양 부르고 싶습니다

택하신 자녀가 찬양 드리면
사랑 많으신 주님
그 사랑 더욱 넘쳐
은혜의 햇살 내려 주시겠지요

내 입술의 찬양으로
주님 계신 하늘까지 오솔길 놓고 싶습니다

성전에서 예배 드릴 때
고난의 물결이 찬송의 물결로 변해 넘실거립니다

온 마음 다한 예배에
기뻐하시는 주님

축복의 바구니 가득 채워
내 가슴에 안겨 주시니
성전 문지방이 복의 통로입니다

성에꽃

안개 바람 수증기 혹한
모든 고난은
내게로 와 꽃이 된다

추울수록
눈부신,
눈
부
신
순백

결혼

눈을 뜨면

그대 모습

손을 뻗으면

그대 감촉

함께 걷는 길

사랑으로

열매 맺는 일

그분의 은혜가

꼭 필요한 일

주님의 가족

함께 밥 먹고
함께 자란다

함께 예배 드리고
함께 은혜 받는다

십자가 그늘 아래
함께 잠든다

함께라서
높은 산도 오를 수 있고
깊은 계곡도 건널 수 있다

제4부

행복,
보이지 않아도

행복

나로 인해 누군가
걷다가도 피식 웃을 수 있다면
내가 힘이 되어
무슨 일이든 할 수 있다면

나로 인해
따스한 눈으로 세상을 볼 수 있다면
벌거벗은 나무의 아름다움을
느낄 수 있다면
흰 눈처럼 차별 없이
세상을 품을 수 있다면

나로 인해
이런 사람
한 사람이라도 있다면

주님 자녀 된 기쁨

새 소리에 잠 깨어
새로운 날을 맞게 하시니
얼마나 감사한지요
오늘도 주님이 쓰실 몸
하늘 바라보며
맑은 숨 채워 넣습니다

주님 몸이신 성전 곁에 있으니
얼마나 행복한지요
기도하다 십자가 바라보면
그윽한 주님의 눈빛
다 안다
다 안다
다독여 주시지요

마음이 막무가내로 우울해질 때는
작은 꽃으로 다가오시는 주님
그 얼굴 뵈올 때
누덕누덕 해진 마음에
예쁜 꽃수가 놓입니다

물소리가 좋은 것은

정직하기 때문이지요
부딪히는 상대에 따라
꾸밈없는 소리를 내지요

폭포를 만나면
제 살이 부서지도록 노래 부르고
깊은 곳을 지날 땐
짙푸른 얼굴로 조용히
제 가슴을 들여다보지요
햇살 뛰어노는 모래밭을 지날 때면
반짝반짝 눈망울로
햇빛의 발목을 간질이고요

그래서 눈을 감아도 알 수 있어요
물이 지금 어디를 지나는지
누구를 만나는지를

눈을 감아도 느낄 수 있어요
내 마음 무엇으로 채워지는지
어디로 향하는지를

내가 제일 좋아하는 것은

나무 밑에 앉아
햇살에 반짝이는 나뭇잎을 보는 일

나뭇잎 사이로 언뜻언뜻 비치는
주님의 얼굴을 느껴 보는 일

오뚝이 순례자

혼돈의 세상에서 빛을 향해 걸어갈 때
종종 그 빛을 잃어 버립니다

주님 음성에 귀 기울이며
순례의 길 떠나는 나그네
무거운 짐 지고
절망의 늪에서 허우적대기도 합니다

잘 되리라, 승리하리라
수없이 되뇌며 한 걸음씩 나아갑니다

마음 중심에 주님을 모신
오뚝이 순례자가 되고 싶습니다

게으름과 두려움이 발목을 잡아도
허영과 비판이 눈길을 끌어도
주님 따라가는 길 위의 나그네

의심과 무지를 버리고
신실한 소망 품고 걸어갑니다

십자가 그늘 밑에 죄 짐을 벗어 놓고
주님 계신 천국 향해
날마다 나아갑니다

토마토

발갛게 익은 토마토가 노을을 보고 있어요
아침이나 저녁이나 물들어 있어요

나도 주님께 물들어 있어요
아침이나 저녁이나

배꼽 자리

꽃나무 배꼽이 아문 자리
어린 열매 탱글탱글 자라나고요

아이의 배꼽이 아문 자리
엄마의 헌신이 담겨 있고요

내 영혼의 배꼽이 아문 자리
지워지지 않는
주님의 사랑이 새겨져 있어요

나의 포도원

저는 포도원 일꾼입니다
가지 치고 풀 뽑고
은사대로 일하여 양식을 얻으니
제게 주신 은사가 제게 족합니다

더 주실 것이 있다면
다만 때를 아는 지혜를 주소서
솎아 내야 할 때
거두어야 할 때
바로 알고 생명의 길 가게 하소서

저를 재단하시고
능력 주시고
열매 맺게 하시는 주님
포도원에 흐르는 향내
당신께 올려 드립니다

둥지

성전 마당에 들어서면
하늘과 땅이 팔 벌려 안아 줍니다
양지바른 곳에 놓인 둥지
따스한 기운이 온몸을 감쌉니다
이 땅을 밟기만 하여도
은혜의 주인공
주님 품이신 이곳에
날마다 나아옵니다

제가 여기 있습니다
주님께 아뢰면
내 안의 어둠을 거두어
보혈의 피로 씻어 주십니다
그리하여 이곳에 오면
밝은 햇살 옷을 입고
마음껏 호흡할 수 있습니다
주신 은혜 감사합니다
목청껏 찬송하며
기쁨의 눈물 흘릴 수 있습니다

복된 정원

말씀의 떡을 먹고 자란 성도들
아들딸 낳고 믿음의 대를 이어 갑니다
아이로부터 노인까지
함께 모인 이 성전이
탐스러운 주님의 정원입니다

메마르고 거친 흙에도
사랑을 심을 줄 알고
가뭄과 장마의 때에도
기다리는 법을 배웁니다

성전으로 향하는 발걸음
첫사랑 첫 설렘을 기억하고
믿음의 꽃 피우고 열매 맺는 자녀들
주님께서 얼마나 기뻐하실까요!

말씀 속에서
기도의 줄 한 뼘 더 엮어가며
오늘을 살아갈 힘을 얻습니다

주님의 기쁨이 되는
정원 속 작은 풀꽃이고 싶습니다
주님 바라보는 깨끗한 얼굴이고 싶습니다

은혜로운 성전에서
주님께 바짝 붙이고
감사합니다! 사랑합니다!
고백하는 입술이고 싶습니다

은행잎 옷

의자에 은행잎이 앉아 있다
소복소복 모여서
겹친 데 겹쳐서

바람이 불자
또 포개 떨어지는 잎들
비에 젖은 의자 춥지 않겠다

비에 젖은 내 마음
누가 감싸 줄까

가을

시간은
빨갛게 노랗게 물들고
우리 마음은
감사와 그리움으로 물듭니다

구름 사이로 하늘이 파랗습니다
주님 얼굴이 보이는 듯합니다
맑고 깊으신 그 얼굴

찬 바람 불면
주님 생각을 한 겹 더 껴입습니다
마음이 금방 따스해집니다

바짝

비에 젖은 단풍잎
바닥에 납작 붙어
떨어지지 않는다

당신 품에
바짝 붙어 있게
언제나 젖어 있어야지

마음속 우물
마르지 않는 사랑
매일매일 퍼 올려야지

의무

하나님은 내 의견과 상관없이
세상에 나를 보내 놓으시고
열심히 살라 하신다

이 의무를 기꺼이 져야 할까

바람이 불 때
나뭇잎도 고개를 갸웃갸웃한다

빈자리

비 오는 산길을 걷습니다
안개가 빗소리를 품고 피어오릅니다
안개 하나의 빈자리는 곧 다른 안개로 채워져
저 부드러운 맨살들 끝이 없습니다

계곡 물속에 발을 담그니
발목을 휘감는 물살이 휘파람 소리를 냅니다
살에 스미지 않고도 뼛속까지 시원하게 만져 주고
발을 빼내어도 빈자리를 남기지 않습니다

실수하고 부족하여 구멍이 생길 때
안개처럼 물살처럼
지체 없이 그 자리를 채우고 싶습니다

빈자리에 주님을 모시고 기도하면
내 허물을 아시는 주님
토닥토닥 힘 주시고
그 자리를 채워 주시겠지요

천국 갈 때까지 주님과 동행하길

넘어져도 다시 일어나

걷고 걸을 수 있기를

잠

하루를 내려놓고
잠들 수 있음이 감사하다
피로를 말갛게 씻어 내고
눈 맑은 새벽이 이마에 맺힐 때까지

어슴푸레 빛이 들어오는 아침
머릿속에 주님을 그려 보며
할렐루야!
소리 내 볼 수 있어서 감사하다

새롭게 선물 받은 하루
새 힘으로 일어나
팔다리 움직일 수 있음이
기적 같은 일이다

잠을 주신 주님
감사합니다!

선물

아침에 일어나기 싫을 때
가만가만 눈꺼풀을 만지는
주님의 손길

일어나라, 일어나라
하늘은 밝고
바람은 벌써 길을 떠나는구나

오늘 하루도
온전히 선물로 주어졌다

무슨 색으로 칠을 할까

좋은 곳에 가면

비탈 가득 핑크뮬리 숲이다
사진을 찍는다
남편도 딸도 서로서로 찍어 준다

마음으로 아들 며느리 사진도 찍어 준다
보송보송 분홍 속에서
활짝 웃어라

좋은 곳에 가면
떠오르는 사람이 사랑이다
태초부터 예정된 가족이다

함께하지 못한 아쉬움
꾹꾹 누르는 엄마 마음
주님은 아신다

맑은 날

파란 하늘에 빨랫줄 매어 놓고
뽀얗게 빤 아기 기저귀 널어 놓고 싶다

바람에 펄럭이며
까르르 웃는 기저귀들 보고 싶다

연년생 두 아이 키울 때
기저귀 말리는 게 일이었다

이렇게 맑고 푸른 날이면
하늘 이 끝에서 저 끝까지 줄 매어 놓고
돌아서면 쌓이던 기저귀
보송하게 말리고 싶다

제5부

엄마,
지금은 뭐해요?

풍경 1
-평안

겨울 아침
사람을 벗어 놓은 수목원은
가뿐해 보인다
빛 축제로 잠 못 이룬 밤을 건너
아침잠이라도 들었는지
그야말로 아침 고요다

네 딸 거느린 84세 엄마
천천히 걸으신다
양지쪽 걸음이 가볍기까지 하다
천년 향나무 자태에 감탄하시고
조그만 소원 탑에 돌 하나 얹으신다
이즈음 엄마 바람은 무엇일까

한옥 항아리 뚜껑에 놓인
작은 돌의 의미가
장 담은 햇수라 말하는 셋째
맞다 맞다 동조해 주시는 엄마

툇마루에 앉은 다섯 모녀에게
겨울 햇살이 몽땅 쏟아지고 있다

풍경 2
-꽃 담은 소*

고기를 굽는다
"아휴 맛있구나"
엄마가 잘 드신다
"엄마 생신 축하드려요"
"건강하세요"
"우리 곁에 오래 계셔 주세요"
엄마를 향한 소망
바라보는 눈길에 웃음이 묻어난다

명절 때도 먹기 힘들었던 소고기
배고팠던 8할의 시간 잘 건너오신
엄마가 5남매에게 젖줄 풀고 먹이신다
당신 태어나신 지 83년 되는 날이다

*안산에 있는 식당 이름

풍경 3
-동글동글한

엄마, 셋째 넷째 사이가 안 좋은 거 같은데 어쩌지
괜찮다 아무 문제 없다!

엄마와 네 자매 갈비탕을 먹는다
물보다 진한 국물
따끈따끈하다

엄마, 좋은 친구 낳아 줘서 고마워요
둘째가 말한다

동글동글한 광대가
모두 닮았다

풍경 4
－빨랫돌

아파트 폭포 연못에
넓적한 돌덩이 여럿 놓여 있다

"야야 빨랫돌 하면 차암 좋겠다"

팔순 넘으신 엄마
냇가에서 빨래하시던 옛날
생각나셨나 보다

"엄마, 난 저게 더 좋을 거 같은데,
하나씩 품고 빨래할까?"

햇살 쏟아지는 아파트 마당에
난데없는 빨래들 펄럭이고 있다

풍경 5
-유월

엄마 얼굴은 벌써 검게 그을렸다
햇볕 쨍쨍한 밭에서

머릿수건으로 연신 땀을 닦아도
얼굴이며 목은
버석거리는 소금밭이다

스치듯 지나가는 바람
땀 한 방울 식히지 못한다

길고 긴 여름의 시작이었다

풍경 6
-임연수 구이

삼삼한 임연수 구이, 엄마가 해 준

고소하고 담백한 맛

초롱초롱한 눈빛으로 더 달라 해도

오남매가 나눠 먹어야 하는

납작한 임연수 한 마리

풍경 7
– 빨간 손

겨울이 되면 엄마 손은 빨갛게 얼어 있었지요
고무장갑도 없이 우물물로 빨래를 해서

중간중간 언 손에 입김을 불면서도
엄마는 땅속 물이라 차지 않다고 하셨어요

어쩌다 손이 시릴 때
그 시절 엄마 손이 생각나요

의도하지 않아도 문득 떠오르는 풍경
마음속 자양분 같은

풍경 8
-병아리

여간 예쁜 애가 아니었어. 밑으로 남동생을 본 우리 집 넷째 딸 그 애가, 풀잎처럼 조그만 그 애가 앓기 시작했어

금방이라도 숨을 놓아 버릴 듯 아슬아슬했는데, 병아리 흙마당에서 노는 햇살 좋은 봄날

겨우 문지방에 기대앉은 그 애 햇살에 실눈 뜨고 병아리 잡아 줘, 병아리 잡아 줘, 생명줄 붙잡듯 가늘게 내뱉은 말

그날 저녁 솥단지 속으로 들어간 병아리, 시든 풀잎 같던 동생을 살리고 수심 짙던 부모님 얼굴에 노란 꽃 피웠지

근데 궁금해 동생은 병아리가 먹고 싶었던 걸까, 고 귀여운 생명과 놀고 싶었던 건 아닐까

풍경 9
-남동생

내리 딸만 넷 낳은 엄마
고추 달린 놈 하나 낳고 싶었어요

엄마의 간절한 기도가 하늘에 닿아
막내로 태어난 남동생
기저귀 갈 때마다
꿈인가, 생시인가

통통한 볼이 두드러져
금복주라 불린 남동생
금덩어리 어화둥둥
복덩어리 어화둥둥

큰누나 등에 업혀 오줌도 쌌는데
어느새 지천명의 나이

하늘의 뜻을 아는 지혜로
네 누나의 든든한 친정이 되고
팔순 노모의 버팀목이 되어 주지요

풍경 10
-엄마의 바느질

엄마의 바느질 솜씨는
눈부신 속임수

지붕 끝과 감나무 끝 사이
천장과 벽 사이
찢어지고 해진 마음 사이

아무도 눈여겨보지 않아도
허술하고 빈 곳을 메워 놓는다

뒤꿈치를 기운 양말이 더 따뜻하고
무릎을 덧댄 바지는 넘어져도 덜 아프데이

내 투덜거림까지 기워 놓는 엄마
햇빛도 비도 걸려 넘어지는
눈부신 속임수!

풍경 11
-골목길

길을 잃었다

똑같이 좁고
구불구불한
골목, 골목
이질 앓던 아이에게
길은 너무 눈부시고

두부 장수 자전거 뒤에
아이가 실려 있다
-두부 사세요!
-아이 사세요!
종이 울린다

두부처럼 부은 엄마
새하얗게 달려와
담배 한 보루에
아이를 산다

엄마 등에 업힌 아이
뺨에 눈물길이 얽혀 있다

풍경 12
-인동꽃

쪽진 머리 자그마한 키의
증조할매와
까만 눈 초롱초롱
할매보다 한참 작은 계집아이
연노랑 인동꽃 속에 있다
꽃줄기 쭉쭉 훑어 따는 할매 옆
인동꽃 밑동 쪽쪽 빠는
꿀벌 같은 계집애
노란 꽃빛
계집아이 볼에 스밀 즈음
포대 속에 꽉꽉 들어찬 인동꽃
인심 좋은 햇살에 말려져
읍내 한약방 천장에 매달리고
손녀 손에 달콤한 과자 봉지 되고
마른 꽃빛 할매 얼굴에
웃음 주름 된다

풍경 13
-할머니와 송아지

사람 훈기 사라지면 집은 무너지는 거여
할머니 쿨럭거리며 문지방을 넘어 다니셨지
구부러진 그림자가 문지방에 걸릴 듯 아슬아슬했어
쇠죽솥에서 피어나는 쇠죽 내음에
어스름 저녁이 찾아오는데
손자처럼 귀염 받던 중송아지
반쯤 자란 뿔로 할머니를 받았어

할머니 방에 누워 앙상한 훈기로
천장만 밀어 올리고 계셨어
아버지 벌건 얼굴로 장에 가서서
쇠죽 내음이 불러오는 구수한 저녁을 팔고 오셨어
쇠죽바가지는 할머니 아래를 받아 내는 통이 되고
쇠죽솥은 할머니 목욕물을 데워 내곤 했는데

빈 외양간이 걱정이신 할머니
커다란 숨을 외양간 쪽으로 몰아쉬다가
부지깽이 같은 다리로 송아지를 찾아다니는지
워워 송아지를 몰아오는지
뒤척이는 한숨이 힘에 겨웠어

풍경 14
-아버지 산소에서

한 번도 소망대로 산 적 없어
이상과 현실 사이에서
늘 외로웠던 아버지
짧은 생으로
딱 한 번 세상에 반항하셨지요

호수처럼 평온하고
다정한 가장이고 싶었지만
삶의 무게 이기지 못해
휘적휘적 비틀비틀
원치 않은 모습으로
살다 가신 아버지

그처럼 고달팠던 당신이
말없이 누워
꽃을 피우고
풀을 키우고
벌레도 키우니
조그만 봉분 속 당신 가슴에
우주가 들어 있습니다

40여 년 세월 건너
이승과 저승 사이 손잡으니
물음표뿐이었던 고독
알 것도 같아

세월만큼 숙성된 온기 띄워
한 잔 술 올리오니
그곳에서는 아버지,
당신이 주인공으로
행복을 누리소서

풍경 15
－고향집

새벽마다 아버지 기침으로
뽀얗게 쓸리던 흙 마당
아버지 숨결 사라진 지금
풀들은 자기들만의 왕국을 지었다

어린 시절 그리워
헐떡이며 찾은 그곳에서
엉겅퀴 가시에 들어서지도 못하는
나는 이방인이다

처마 밑에 걸려
낡은 집을 지킨 칫솔만이
꺼멓게 탄 얼굴로
무심한 옛 주인을 반긴다

풍경 16
-작은엄마

작달막한 키의 작은엄마
참 부지런하신

고운 목소리
노래도 잘 하시구요

거금 들이지 않아도
맛깔나는 식사 차려 내시지요

작은아버지 술주정도 웃음으로 받으시던
복스러우신 얼굴

남편 천국 배웅까지 마치셨으니
남은 인생 효도 받으며 행복하시기를

풍경 17
-꽃이 된 하루

엄마의 76세 생신, 꽃 피는 봄날에
안면도 여행길 오른 엄마와 5남매
이야기꽃 피고 또 피는 자동차 안
설렘으로 가득하다

꽃지 해수욕장 빈 백사장에
여섯 송이 사람 꽃 피어 생기가 넘실거린다
얼굴에 닿는 바닷바람에 머리가 맑아지니
엄마의 뻑뻑한 뼈마디도
물 머금은 해변처럼 부드러워져라

할매 바위 앞에서 굴 따며 하하 호호
해삼 멍게 성게 낙지 회 한 접시에
우리 얼굴도 유채꽃처럼 한들거린다
처음 맛보는 게국지 국물에
밥 한 공기 시원하게 비우고
세상엔 맛있는 것도 많구나
살수록 새로워지는 세상
사랑하는 사람들과 함께 있으니

자연 휴양림엔 바람도 초록으로 불어
동백 아래 세 자매 미소 꽃보다 붉다
소나무 아래 세 모녀도 활짝, 화알짝 웃으세요
발밑에서 길이 너울너울 따라오며 사진을 찍는다

벚꽃에 둘러싸인 안면암, 꽃 대궐이 바로 여기네
부교 너머 여우섬, 이름도 곱구나
벚꽃 아래 흐드러진 동생 웃음, 꽃비로 내리니
근심 걱정일랑 꽃 이파리 따라 흩어져 버려라
오늘은 얼마나 아름다운 봄날인가!

당진 왜목마을
저녁 바람에 꿈 같은 하루가 옷깃을 여미고 있다
섬마을 횟집, 도미회 탱탱한 식감
서로 양보하며 챙겨 주는 맛이 일품이다
기분 좋아 보이는 엄마
소주 반 잔 드시더니
"야들아, 아무렇지도 않노…"
밝은 엄마 얼굴, 젊은 엄마 목소리 참 좋다!

흐려진 하늘로
멋진 노을은 보지 못해도
노을보다 붉어진 따뜻한 마음 있으니
돌아오는 길 내내 행복이 따라온다

풍경 18
-최초의

내가 태어났을 때
금줄 걸린 초가집이 떠오른다

새벽 기운 머금은
푸릇한 소나무 베어 와
금줄 치셨다는 증조할아버지

갓난쟁이가 본 것도 아닌데
본 것처럼 그려진다

곰방대로 할아버지 이마를 때리고
두루마기 자락에 오줌 싸던 일도 기억난다
그 근엄한 훈장 어른이 허허 웃으시는 모습도

들은 기억이 보이기도 하는지

내 최초의 풍경이 가끔 걸어 나온다

제6부

산문들

매일매일 어메이징 그레이스
'아버지, 아버지 집'을 읽고

원로 목사님의 주일 설교집《아버지, 아버지 집》을 읽으며 책을 손에 든 채 생각에 잠기곤 했습니다. 주님을 만난 후 저의 삶을 생각해 보면 매일 매일이 주님의 은혜임을 깨닫게 됩니다. 주님은 제가 주님을 알기 전부터 저의 삶에 개입해 주시고 인도해 주셨다는 것을 알았습니다.

저는 미션스쿨인 '영광여중', '영광여고'에 다니기 전까지는 '하나님', '예수님'이라는 단어를 들어 본 기억이 없습니다. 이 학교에 다니면서 성경을 배우고 하나님을 알게 되었고, 단체로 예배를 드리며 말할 수 없는 기쁨을 느꼈습니다. 특히 저는 주님께 찬양을 올려 드릴 때가 제일 행복했습니다. 노래를 잘 부르지 못했지만, 찬송을 부르면 마음속에 큰 감동이 밀려오곤 했습니다. 성가대에 앉아 있는 친구들이 참 부러웠습니다. 저도 성가대가 하고 싶었지만, 노래를 못한다는 자격지심에 감히 설 수가 없었습니다. 그런데 명성교회에 다니면서 주님의 은혜로 수요 성가대와 여성합창단에서 찬양을 올려 드릴 수 있었습니다. 얼마나 귀하고 감사한 일이었는지 모릅니다. 목사님께서 설교 중 찬양하실 때 음성이 너무너무 좋고 은혜롭습니다. 설교 말씀이 더욱 가슴 깊이 다가오며 저도 그렇게 은혜롭게 찬양하고 싶다는 생각을 합니다. 책을 읽으며 찬양이 나오면 소리 내 불러 보곤 했습니다.

목사님 말씀에 세상으로 나갔다가 만신창이가 되어 돌아온 탕자 얘기가 있습니다. 제가 만약 미션스쿨에 진학하지 않았다면 하나님을 모르고 세상에서 어떻게 살았을까 생각해 봅니다. 저에겐 믿음의 배경이 없었기에 구원받기가 쉽지 않았을 겁니다. 중학교 배정은 소위 '뺑뺑이'였는데 하나님께서 저를 불러 주기로 계획하시고 미션스쿨로 배정하셨고, 찬양과 예배에 감동 받게 하셨습니다. 아이들이 어렸을 때 남양주에서 사능교회를 만나게 하셨고, 2002년에 고덕동으로 이사 오며 명성교회에 등록하게 하셨습니다. 제가 다닌 학교가 우리 교회 재단이 된 것을 나중에 알고 정말 신기했습니다. 다시 한 번 하나님께서 저의 삶을 주장하고 계시다는 생각을 하게 되었습니다.

맏아들은 늘 아버지 곁에서 천국의 삶을 살았으면서도 감사를 모르고 아버지께 불평했습니다. 저 또한 이미 많은 것을 누리고 있음에도 깨닫지 못하고 제 삶을 지옥으로 만들지는 않았는지 돌아봅니다. 이 세상 삶에서 천국과 지옥은 우리 마음에 있다고 하셨습니다. 제 마음이 겸손으로 가득 차서 아버지를 모시고 늘 천국의 삶 살기를 소망합니다.

가난한 가정에서 어렵게 자란 제가 만약 예수님을 만나지 않았다면 얼마나 세상을 원망하고 우울하게 살았을까요! 불평과 원망으로 가득 찬 삶을 살다가 자살을 했을지도 모를 일입니다. 그러나 예수님이 저와 늘 함께 계신다고 믿는 지금, 제 삶에는 감사가 넘칩니다. 목사님께서는 하루를 감사하며 주님을 찬양하고(어메이징 그레이스), 한 달을 감사하며 찬양하고, 일 년을 감사하며 찬양하고… 평생을 주님께 감사 찬양하며 살아야 하는 것은 물론, 이 세상을 떠날 때도 감사와 찬양을 드려야 한다고 하셨습니다. 우리의 삶을 '어메이징 그레이스'로 가득 채워야 한다고 말씀하셨습니다. 이 말씀이 얼마나 큰 은혜가 되는지 모릅니다. 이로 인해 저는 '감사합니다!'라는 말을 자주 하게 되었습니다.

목사님께서는 인간은 물론 인간이 필요로 하는 모든 것들은 다 하나님 아버지로부터 나왔기 때문에 우리는 하나님 아버지를 떠나서는 살 수 없다고 하셨습니다. 이 세상에 정말로 소중한 모든 것을 값없이 주신 아버지의 은혜를 생각하면서 늘 감사와 찬송을 드리고 승리하는 삶을 살고 싶습니다. 인류 역사상 아버지를 섬기며 승리하지 않은 사람은 없다고 하셨습니다. 저에게 이 세상 빽은 없지만, 가장 든든한 하나님 아버지 빽이 있다고 생각하면 두려울 게 없습니다.

우리는 연약한 인간이기에 실의에 빠지고 낙심할 때가 있습니다. 이건 하나님이 창조하신 인간의 모습이 아니라고 목사님은 말씀하셨습니다. 인간은 사랑하며 행복하게 살도록 만들어졌다고 하셨습니다. 그래서 아버지께 기도드립니다. 연약한 저에게 긍휼을 베풀어 주시고 늘 새 힘을 달라고요. 저와 제 주변 사람들 모두가 평안하고 기쁨의 삶을 살아가길 기도합니다.

목사님은 인간의 모든 문제는 영적인 문제라고 하셨습니다. 살아가면서 제 영이 사탄에게 놀아났다는 것을 깨달을 때가 있습니다. 얼마 전에 뚜렷한 이유도 없이 딸에게 푸념을 하고 나무라며 딸의 마음을 아프게 한 적이 있습니다. 돌아보니 제 영이 사탄에게 놀아난 게 보여 얼마나 부끄럽고 딸에게 미안했는지 모릅니다. 하나님께 회개하고 제 영이 성령으로 충만하기를 기도드렸습니다. 이 기도는 날마다, 시마다 해야 하는 기도라고 생각합니다.

제 친구 중에 교회에 가서 사람들에게 시험이 들어 믿음 생활을 못 하는 친구가 있습니다. 목사님은 교회에 하나님을 만나러 오는 것이지 사람을 만나러 오는 것이 아니라고 하셨습니다. 그 친구에게 이 말을 했지만, 아직 마음을 열지 않고 있어 안타깝습니다. 친구가 어서 상처를 극복하고 아버지의 품으로 돌아오길 기도합니다. 저 또한 다른 사람에게 상처를 주지 않았는지 돌아보고 더욱 조심하게 되었습니다.

우리의 행실이 부족하고 허물이 많을지라도 아버지 집을 귀히 여기면 절대로 버림받지 않는다고 하셨습니다. 저는 이 말씀을 붙들고 날마다 아버지 팔에 거하게 해 달라고 기도합니다. 하나님 아버지께서 저를 굳게 붙들고 계신다고 생각하면 얼마나 든든한지 모릅니다.

믿음이 없는 사람은 어려움이 찾아오면 감당을 못하는데, 믿음의 사람인 한나는 고난도 축복도 잘 감당하였습니다. 저는 한없이 부족하기에 어떤 일을 만날지라도 잘 감당하고 이기게 해 달라고 기도합니다. 그러면 해결할 용기가 생기고 담대하게 문제에 직면하게 됩니다. 눈앞에 직면한 문제에 최선을 다해 기도하고 나아가면 어느덧 문제가 조금씩 해결됨을 느낍니다. 우리는 공중의 새나 들판의 백합화보다 귀한 존재이니 주님을 의뢰하고 아무것도 염려하지 말아야 합니다.

한나는 브닌나가 준 아픔 때문에 아버지께 나아가 기도하고 승리하였다고 말씀하셨습니다. 저도 저를 아프게 하는 것들을 축복의 도구로 바꾸고 영육의 승리를 얻고 싶습니다. 눈물을 흘리며 기도하던 곳으로 돌아가 기쁨과 감사를 드린 한나가 되고 싶습니다.

한나는 기도로 얻은 사무엘로 말미암아 세세토록 칭송받는 여인이 되었습니다. 자식은 하나님의 온전한 선물이라고 생각합니다. 저에게도 사랑스러운 아들과 딸을 주셨음에 늘 감사드립니다. 주님이 주신 삶을 살아가는 자녀가 저보다 모든 면에서 우수하기를, 하나님 나라와 이 땅에 귀한 금그릇으로 쓰임 받기를 기도합니다. 무엇보다도 매사에 감사하는 사람, 어메이징 그레이스가 있는 삶이 되기를 기도합니다.

목사님께서는 어메이징 그레이스를 부르는 사람은 큰일을 하고 행복하고 자손만대까지 하나님께서 붙들어 주신다고 말씀하셨습니다. 이 책을 읽으면서 소망이 생겼습니다. 긍정적인 생각과 범사에 감사함으로 주님을 영화롭게 하는 삶을 살다가 천국 갈 때도 '어메이징 그레이스'를 부르겠다는 소망입니다. 영의 보약을 듬뿍 주신 목사님께 감사드립니다.

새벽종의 감사

　나는 오랫동안 창고 구석에 아무렇게나 쌓여 있던 쇠붙이였어요. 어느 날 뜨거운 불 속에 던져져 정신이 가물가물해지고 양 볼이 빨간 풍선처럼 되었을 때야 겨우 불에서 꺼내졌어요. 정신을 차리고 돌아보니 함께 쌓여있던 친구들도 모두 얼굴이 빨개져서 내 곁에 있었어요. 크고 두툼한 손을 가진 아저씨가 우리를 땅땅 두드리기 시작했어요. 드디어 새롭게 태어나 무언가가 된다는 것을 알고 참 설레었죠. 그동안 창고 속에서 녹이 슬어가며 무척 슬펐거든요.

　내 친구들은 호미가 되기도 하고 삽이 되기도 했어요. 매끈한 새 몸을 입은 친구들은 사람들이 많이 다니는 가게 앞에 진열되었어요. 오랜만에 햇빛을 본 친구들이 호기심 어린 눈빛으로 주변을 두리번거렸어요. 서로의 모습을 보고 감탄하는 소리도 들렸어요.

아저씨는 나를 다른 친구들보다 더 오랫동안 두드리셨어요. 몸이 아프고 머리가 흔들렸지만, 내가 무엇이 될지 궁금한 마음에 망치질과 풀무불의 뜨거움을 꾹 참고 견뎠어요. 드디어 나는 가운데가 움푹 들어가고 바깥으로 갈수록 몸통이 넓어지는 둥근 종 모양이 되었어요. 아저씨가 마지막으로 배꼽 안쪽에 둥근 추를 달아 주자 내 몸에서 아름다운 소리가 났어요. 그 소리는 맑고 긴 여운을 남겼어요.

나는 다른 친구들처럼 가게 바깥에 진열되지 않고, 다음 날 차를 타고 어디론가 가게 되었어요. 얼마 가지 못해 길이 좁아지고 자동차가 더 갈 수 없게 되자 나는 리어카에 옮겨 실렸어요. 단풍이 들기 시작하는 산 사이로 고개를 몇 개나 넘고 자갈이 많은 시냇물을 간신히 건너서 도착한 곳은 조그만 시골 교회였어요.

교회 앞쪽으로 벼가 익어가는 논들이 펼쳐 있고 그 너머엔 산이 끝없이 이어져 있었어요. 뒤쪽에는 비교적 높은 산이 우뚝 서 있고, 교회 옆으로 좁은 길을 따라가니 키 낮은 집들이 모여 있는 작은 동네가 보였어요. 그리고 보이진 않지만, 산 굽이굽이 돌면 옹기종기 모여 있는 작은 동네들이 있다는 것을 알게 되었어요. 교회 마당가, 짚으로 지붕을 이은 종루에 매달려 다음 날부터 나는 '댕~댕~' 목 청껏 산골의 새벽을 깨웠어요.

며칠 동안 처음 만난 산이며 골짜기, 오솔길들, 모양이 제각각인 나무들을 보느라 정신이 없었어요. 이 세상은 먼지 덮인 창고 속에서 혼자 상상한 것보다 훨씬 더 아름다웠어요. 이렇게 눈부신 세상을 누가 만들었는지 궁금했어요. 나를 대장간 아저씨가 만들어 주셨듯이 이 세상도 분명 누군가 만들었을 테니 말이에요. 그분은 대장간 아저씨와 비교할 수 없이 큰 손을 가진 분일 거라는 생각이 들었어요.

그러던 어느 날, 새벽마다 내 몸에 달린 줄을 잡아당겨 맑은 소리를 내도록 해 주는 소년을 보았어요. 소년은 매일 새벽 빨간 볼로 뛰어와 빛나는 눈으로 날 올려다보았어요. '댕~댕~' 종소리가 온 동네 구석구석, 산골짝 구석구석 울려 퍼지면 소년은 행복한 듯 얼굴 가득 미소를 머금었어요. 그리고 예배당 안으로 들어가 불을 켜고 예배 준비를 했어요. 비록 초라한 옷차림이었지만 그 표정이나 행동에서 어떤 열정과 자부심, 기쁨이 넘쳐나 아름답게 빛나는 것을 볼 수 있었어요. 그것이 내가 궁금해하는, 이 세상을 창조하신 분을 향한 마음이라는 것을 훗날 알게 되었어요.

종소리에 깨어난 사람들이 한두 명씩 모여들고 새벽 예배가 시작되면, 나는 예배당 밖으로 새어 나오는 찬송가를 따라 부르며 같이 기도를 했어요. 지나가던 바람이 내 어깨에 앉아 찬송 소리를 들으며 다리를 흔들었어요. 그러면 내 목소리가 더 멀리까지 번져 나가 잠자던 풀이나 곤충, 들판의 벼들이 깨어났어요. 목사님의 말씀도 너무나 궁금했지만, 아무리 귀를 기울여도 말씀 소리는 문밖으로 새어 나오지 않았어요.

다음 날 새벽에도 소년이 뛰어와 나를 올려다보며 말했어요.
"안녕? 새벽종!"
"안녕? 친구!"
"어? 너 말할 줄 아는구나!"
"쉿, 이건 비밀이야, 너랑만 얘기하는 거니까… 혹시 내 친구가 되어 줄 수 있니?"
"와~~ 이거 엄청 신나는 일인데. 말하는 종과 친구가 되다니!"

소년은 다른 날보다 더 상기된 얼굴로 내 몸을 울려 소리를 내어 주고 예배당으로 뛰어갔어요. 나도 친구가 생긴 기쁨에 종소리가 더 멀리멀리 퍼질 수 있도록 가슴을 활짝 펴 큰 소리를 내 주었지요.

그렇게 새벽이 가고 나면, 나는 종일토록 주변의 풍경과 놀았어요. 논의 벼는 날마다 더 아름다운 황금빛으로 변하며 고개를 숙이고, 나무들도 알록달록한 옷으로 갈아입었어요. 산 너머의 풍경도 비슷하다고 친구가 된 바람이 말해 주었어요.

가을이 지나고, 겨울도 깊어 갈 즈음엔 나도 많은 찬송가를 알게 되었어요. 목소리가 낭랑하고 힘이 있는 내 친구 소년이 종을 치면서 큰 소리로 찬송을 부른 덕분이지요. 어느 날 힘차게 줄을 잡아당긴 후 나를 올려다보는 소년에게 물었어요.

"내가 너무 궁금해서 그러는데, 목사님이 무슨 말씀을 하시는지 말해 줄 수 있니?"

"응, 하나님이 죄인 된 우리를 구하시려고 그 아들 예수님을 보내 주셨대. 예수님은 우리 죄를 대신하여 십자가에 못박혀 돌아가시고, 부활하셨대. 하나님께서는 우리에게 그 예수님을 믿기만 하면 당신의 자녀가 되는 권세를 주셨대."

"와~~ 하나님은 정말 사랑이 많으시고 위대한 분이시구나! 예수님도 완전 멋진 분이시고…. 그럼 너도 그 예수님을 믿는 거니?"

"그럼 당연하지! 예수님을 믿고, 예수님이 늘 나와 함께 계시고 은혜 주시는 것을 알아. 그러니까 날마다 기쁘게 새벽종 너를 울리고 예배를 드릴 수 있는 것 아니겠어?"

"그렇구나! 이제부터 나도 하늘까지 울릴 정도로 크게 종소리를 퍼트려야겠구나. 내 소리를 듣고 더 많은 사람이 예배당에 올 수 있도록 말이야."

그날부터 나는 예수님이 계시는 예배당에 있는 것이, 그 사랑의 소리를 전하는 것이 너무나 기뻐 저절로 어깨가 으쓱거렸어요. 종소리도 으쓱으쓱 리듬을 탔어요.

그렇게 몇 년이 지났어요. 소년은 이제 어엿한 청년으로 자랐고, 나도 연륜과 믿음이 쌓여 더 깊은 소리를 내게 되었어요. 어느 날 청년이 된 소년이 나에게 말했어요.

"새벽종아, 나는 목사님이 될 거야. 그러려면 공부를 많이 해야 해서 서울로 떠나야 해. 이제 다른 사람이 종을 울려 줘도 넌 변함없이 큰 소리를 내며 새벽을 깨워야 해 알았지? 언젠가는 다시 널 찾아올 거니까 너무 슬퍼 말고 잘

지내고 있어. 내 친구!"

새벽 친구가 떠나고 나서 씩씩하게 있으려 해도 자꾸만 마음이 슬퍼져서 소리에 힘이 빠졌어요. 숨을 헐떡이며 뛰어오는 친구의 발소리가 들리는 것 같아 눈물이 날 때도 있었어요. 그런 나를 보고 바람 친구가 한마디 했어요.

"어이, 새벽종! 그렇게 맥없이 있으면 네 새벽 친구가 가슴 아파하지 않겠니? 내가 도와줄 테니까 힘을 내. 네 소리를 더 멀리까지 데리고 날아갈 테니 힘차게 소리를 내 봐 알았지? 그러면 서울로 간 네 친구도 마음으로 들을 수 있을 거야."

"그래, 고마워!"

나는 눈물이 고인 눈을 들고, 고개를 끄덕거렸어요.

그렇게 몇 년이 흐른 후, 새벽 친구가 목사님이 되어 돌아왔어요. 난 얼마나 자랑스러웠는지 몰라요. 친구는 밖에 있는 내가 들을 수 있도록 큰소리로 말씀을 전했어요. 들에서 일하느라 늘 잠이 부족해 졸던 아저씨 아주머니들도 목사님의 큰 목소리에 정신이 번쩍 드는지, 말씀을 들으며 '아멘, 아멘'을 외쳤어요.

이제 목사님이 된 새벽 친구는 예배당 마당을 거닐 때마다 종루를 쓰다듬으며 나를 올려다보곤 했어요. 목사님만큼 나이를 먹은 나였지만, 그럴 때면 소년처럼 가슴이 두근거렸어요.

친구가 서울로 목회를 하러 떠나게 되며 우리는 또 헤어졌어요. 나는 슬펐지만, 더 많은 사람에게 예수님을 전하러 가는 친구를 축복해 주었어요. 이제 내 몸은 누가 쳐도 가장 아름다운 소리를 낼 줄 알게 되었어요. '작은 일에 충성하라!'는 말씀을 붙들고 비가 오나 눈이 오나 더울 때나 추울 때나 나는 새벽종의 임무를 충실히 해 나갔어요.

어느새 강산이 몇 번 바뀔 정도의 세월이 흘렀어요. 사람들은 모두 시계를 갖게 되었고, 굳이 새벽종 소리를 듣지 않아도 시간 맞춰 예배당에 나오게 되었어요. 아무도 나를 쳐 주지 않았고, 바람만이 어깨에 앉아 놀다 갈 뿐이었어요. 이제 쓸모없어진 내 모습을 보며 하나님이 내게 주신 사명이 다 끝나 버려, 주님마저 날 잊은 게 아닐까 하는 생각이 들었어요.

낙심 속에서 하루하루를 보내던 어느 날, 이마에 주름이 생기기 시작한 새벽 친구 목사님이 오셨어요.

"언제 봐도 정겹고 보고 싶은 새벽종! 난 언제나 널 생각하며 새벽을 깨우고 기도에 힘썼단다. 덕분에 하나님께서는 내게 아주 많은 사람을 하나님께로 인도할 수 있는 은혜를 주셨지. 널 데리고 서울로 가야겠다. 서울에서 내가 섬기는 교회 강대상 위에 널 두고 싶어. 넌 사람들의 영혼을 하나님과 이어 주는 아름다운 소리를 낼 줄 알잖아. 성전에 들어오는 많은 사람이 널 보며 언제나 맑은 영혼을 가지고 새벽을 깨우고 기도에 힘쓰게 하고 싶어."

난 오랫동안 정들었던 산과 들, 하나님을 알게 해 준 작은 교회를 떠나는 것은 슬펐지만, 새벽 친구의 교회에서 날마다 친구를 지켜보며 하나님의 말씀을 듣는 수많은 사람과 함께 예배의 자리에 있게 될 것을 생각하니 가슴이 벅차올랐어요.

어느덧 중년의 목사님이 된 새벽 친구는 고향 냄새가 나는 나무로 종루를 만들고 짚으로 예쁜 지붕까지 얹어 강대상 한쪽에 내 자리를 만들어 주었어요. 나는 넓은 성전을 모두 둘러볼 수 있었어요. 정면에 있는 커다란 십자가는 언제나 내 마음을 감동으로 차오르게 했어요. 십자가에서 하나님의 영이신 성령의 빛이 뿜어져 나와 성전 전체를 가득 채우는 것이 느껴졌어요. 성전에서는 날마다 여러 종류의 예배가 하나님께 올려졌어요. 지금까지 예배당 바깥에서 어슴푸레 들려오는 예배 소리에 귀 기울이느라 힘이 들었었는데, 이제는 예배당 안에서 기도와 찬송 소리를 맘껏 들을 수 있게 된 나는 얼마나 기뻤는지 몰라요.

날마다 기도 소리가 스미고, 찬송이 스미고, 말씀이 스며들어 내 몸은 점점 예수님께 더 가까이 나아가는 소리, 더 아름다운 소리를 내게 되었어요. 절기 때마다 한복 두루마기를 정갈하게 차려입은 목사님이 내 몸에 달린 줄을 잡아당길 때면 나는 가장 성령 충만한 소리를 내기 위해 온 마음을 기울였어요. 아직 이 땅에서 내가 할 일이 있다는 게, 하나님을 기쁘시게 하고 사람들에게 감동을 줄 수 있다는 게 얼마나 기쁘고 감사한지 몰라요.

이제 아름다운 새 성전이 지어졌어요. 모든 성도는 새 성전 시대를 기대하고 준비하며 오랫동안 기도해 왔어요. 하나님의 집이 더욱 커지고 아름다워지는 건 참 기쁜 일이지요. 새 성전에서는 온전한 믿음의 가정이 되고 하나님께 더욱 감사하는 삶을 살게 해 달라고, 더 많은 이웃이 하나님의 전에 나오게 해 달라고 기도하는 소리를 많이 들었어요.

내 친구 목사님은 누구보다도 떨리고 설레는 마음으로 입당을 준비하셨어요. 새 성전을 계획하고, 짓기 시작하면서부터 입당할 때까지 목사님의 정성과 지극한 마음이 미치지 않은 곳이 없지요. 물론 모든 성도의 기도가 함께하였고요. 이렇게 지어진 새 성전 구석구석에 주님의 미소가 머물리라 생각해요.

난 기도합니다. 이제 이마가 넓어지고 할아버지가 된 새벽 친구가 하나님을 향한 변함없는 열정과 사랑으로 성령 충만하게 해 달라고요. 건강하게 주님 주신 사명을 끝까지 잘 감당하게 해 달라고요. 설교 중에 깊고 부드럽고 힘찬 음성으로 찬송을 부르는 힘이 쇠하지 않게 해 달라고요. 수많은 사람이 목사님을 통하여 하나님을 알고 하나님의 은혜에 감사하는 삶을 살 수 있게 해 달라고요.

창고 구석에 아무렇게나 버려져 보잘것없던 쇠붙이를 사용하셔서 주님을 찬양하는 새벽종으로 만들어 주심이 얼마나 감사한지요! 이제 나이가 많지만, 사람들이 날 기억하는 한 녹슬지 않을 거예요. 영원히 새벽을 깨우며 겸

151

손한 마음으로 하나님의 성전에서 예배드리는 삶을 살고 싶어요.

(이 동화는 새벽종을 치신 김삼환 원로목사 님의 이야기를 듣고 새벽종을 주인공으로 해서 써 보았습니다. '주의 궁정에서의 한 날이 다른 곳에서의 천 날보다 나은즉 악인의 장막에 사는 것보다 내 하나님의 성전 문지기로 있는 것이 좋사오니' (시편 84:10))

알밤 오누이의 여행

가을 햇살이 온 세상을 부드럽게 쓰다듬고 있는 오후였어요. 맑은 물이 노래 부르며 흘러가는 강은 마냥 평화로워 보였어요. 강물 옆에는 야트막한 산이 온갖 색깔로 멋을 부린 나무들을 감싸안고 펼쳐져 있고요. 그 강가 산기슭에 커다란 밤나무가 당당한 모습으로 서 있어요. 연둣빛 가시가 촘촘히 박힌 동그란 아기 밤송이들을 주렁주렁 매달고요.

"아이 답답해. 엄마, 세상은 왜 이렇게 좁고 캄캄해요?"

밤송이 속에서 오빠와 나란히 앉아 있는 여동생 희야가 엄마 밤나무에게 투정을 합니다.

"아가야, 그렇지 않단다. 이제 가을 햇볕이 너희들을 더욱 영글게 하면 곧 눈부시게 밝고 넓은 세상을 볼 수 있을 거야. 답답하더라도 조금만 참아라."

엄마 밤나무가 따스한 목소리로 타일러 주십니다.

"그래요? 엄마! 그러면 어서 햇볕과 바람을 듬뿍 먹어야

겠어요."

오빠 완이가 들뜬 목소리로 말합니다. 해님은 온 정성을 다해 밤송이를 비춰 주었어요.

어느덧 연둣빛 밤송이들은 진한 초록색이 되더니, 점차 갈색으로 물들면서 큰 입을 벌렸어요. 어느 날 엄마 밤나무가 말했어요.

"완이야 희야, 이제 곧 아주 크고 넓은 세상이 너희 앞에 펼쳐질 거란다. 세상에는 참 많은 종류의 식물과 동물이 살고 있고, 그만큼 많은 일이 벌어지고 있단다. 기쁜 일도 있고, 슬픈 일도 있고 때로는 견디기 힘든 일이 너희를 괴롭히기도 할 거야. 하지만 용기를 잃지 말고 살아가렴. 반드시 승리하게 되고 좋은 일이 생길 거야. 너희들이 좁고 캄캄한 밤송이 속에서 잘 견딘 것처럼 넓은 세상에서도 씩씩하게 잘 살아가리라 믿는다. 엄마가 보이지 않는 곳에서도 항상 너희를 지켜 줄게."

며칠 후 완이와 희야는 갑자기 세상이 밝아지면서 어딘가로 몸이 떨어지는 느낌에 정신을 잃었어요. 한참 뒤 눈을 뜬 완이와 희야는 자기들이 강물 위를 둥둥 떠 가는 걸 보고, 엄마가 말씀하신 크고 넓은 세상으로 나왔다는 걸 알았어요. 강물은 차가웠지만 따스한 햇볕 덕분에 견딜 만했어요.

　그날 밤 완이와 희야는 강기슭에 있는 커다란 나뭇잎을 덮고 잠을 청했어요.

"오빠, 이제 우리 어떻게 살아야 하지?"

희야가 걱정스러운 듯 완이에게 묻습니다.

"응, 우선 세상이 어떤 곳인지 알아보자. 그 후에 분명히 우리가 할 일을 찾을 수 있을 거야."

오빠의 대답에 희야는 안심한 듯 금세 잠이 들었어요. 완이도 세상은 어떤 곳일까? 상상하다가 어느새 잠이 들었어요. 오늘은 처음 세상에 나온 벅찬 날이라 오누이는 무척 피곤했거든요.

　다음 날 아침 눈을 뜬 오누이는 밝은 아침 햇살에 물결이 반짝이는 것을 보았어요. 마치 밤하늘에 빛나던 별들이 모두 강물 위로 쏟아진 듯했어요. 완이와 희야는 눈이 부신 듯 반짝이는 물결을 바라보다가 물살을 헤치며 열심히 헤엄쳐 올라오는 연어 아주머니를 만났어요.

"아주머니, 왜 힘들게 강을 거슬러 올라오세요?"

"응, 나는 지금 아기를 낳으러 고향으로 가는 중이란다. 우리 연어는 강에서 태어나 바다에서 살다가 아기를 낳을 때가 되면 다시 우리가 태어난 고향으로 간단다."

연어 아주머니는 힘이 든 듯 숨을 고르며 말씀하셨어요.

"바다가 뭐예요?"

희야가 두 눈을 초롱초롱 빛내며 물었어요.

"응, 바다는 많은 강물이 흘러 흘러서 한곳에 모이는 아주 넓은 곳이란다. 땅끝을 볼 수 없는 것처럼 바다의 끝도 볼 수 없어. 바다 밑에는 물속 나라가 있고 용궁도 있단다. 아줌마가 용궁 이야기 해 줄까?"

"네!"

완이와 희야는 동시에 큰 목소리로 대답했어요.

"바닷속 나라는 수많은 물고기와 소라, 조개 산호 등 바다 생물이 사는 아주 아름다운 곳이란다. 그곳 한가운데에 온갖 신기하고 화려한 꽃들이 가득 피어 있는 곳이 있단다. 거기에 바로 용궁이 있어. 용궁에는 수염이 기다란 용왕님과 여러 물고기 신하들, 그리고 인어 공주도 있단다. 너희들 인어 공주 이야기 알지?"

"네, 엄마한테 들었어요. 그런데 슬프게도 인어공주가 물거품이 되었어요."

희야가 정말 슬픈지 시무룩한 얼굴로 대답했어요.

"그런데 왕자님을 사랑하는 인어 공주의 마음이 너무 고와서, 하나님께서 다시 생명을 주셨지. 그래서 지금도 용궁에서 살고 있단다. 남을 사랑하는 고운 마음씨로 아름다운 시를 짓고 노래도 불러서 바닷속 모든 생물을 행복하게 만들고 있단다. 다만, 왕자님과 이루지 못한 사랑이 생각날 때면 남몰래 혼자서 눈물짓기도 하지."

완이와 희야는 신비로운 바닷속 이야기를 해 주신 연어 아주머니가 무척 고마웠어요. 그래서 이렇게 말했어요.

"아주머니, 아기를 낳으신 다음에 아기와 함께 꼭 다시 만나요. 귀여운 연어 아기를 보고 싶어요. 그때는 우리가 여행한 이야기를 해 드릴게요."

"너희들 말은 고맙지만 이젠 너희를 볼 수가 없단다. 우리는 강을 거슬러 올라가 아기를 낳은 후엔 지쳐서 죽는단다."

"아! 아기를 위해 생명을 바치는 거군요."

완이와 희야는 연어 엄마의 사랑에 가슴이 뭉클해졌어요. 그리고 떠나온 엄마가 보고 싶어졌어요. 울먹이는 희야에게 완이가 말했어요.

"엄마가 많이 보고 싶지? 엄마의 사랑을 생각해서 우리 더욱 꿋꿋하게 살자."

오누이는 여행을 계속했어요. 물살을 따라 한참을 흘러가던 오누이는 귀여운 아이의 목소리를 듣고 멈추어 섰어요.

"아빠, 내일 학교에서 운동회 하는데 오셔야 해요."

"아빠는 회사에 가야 해서 못 간단다. 엄마와 할아버지, 할머니께서 가실 거야."

한 가족이 강가에서 낚시를 하고 있었어요. 이제 초등학교 1학년쯤 되어 보이는 여자아이는 아빠 무릎에 앉아서 떼를 쓰고 있었어요.

"아빠, 그럼 내가 무용하는 것 좀 봐요. 파란 하늘~ 파란 하늘 꿈이~ 드리운 푸른 언덕에…."

여자아이는 노래를 부르며 세상에서 제일 예쁜 몸짓으로 열심히 무용을 했어요. 완이와 희야가 보기에도 정말 무용을 잘하는 것 같았어요.

"짝짝짝!"

무용이 끝나자, 온 가족이 박수를 치며 한마디씩 칭찬을 합니다. 여자아이는 운동회 때 아빠가 못 오시는 섭섭함도 잊은 채 어깨를 우쭐하며 좋아했어요.

오누이는 운동회가 무엇인지 궁금했어요. 그래서 키가 큰 느티나무 아저씨께 여쭈어 보았어요. 느티나무 아저씨는 키가 커서 강 저쪽의 마을에서 일어나는 일을 다 알고 계시거든요.

"초등학교 운동회는 전교 어린이들이 모여서 여러 가지 운동 경기와 게임도 하고, 무용 발표도 하며 하루를 신나게 보내는 날이란다. 단체 경기를 통해서는 협동심을 배

158

우고, 개인 경기를 통해서는 각자의 실력을 마음껏 뽐내는 날이지. 부모님들이 오셔서 응원하고 구경하며 함께 즐거운 시간을 보낸단다. 선생님과 부모님들 모두 동심으로 돌아가는 날이기도 하지. 운동장에는 아이들을 응원하는 소리가 가득 넘쳐서 나도 모르게 신이 나서 춤을 추곤 했지. 작년 운동회 때는 뛰다가 넘어져 다친 아이도 있었는데, 옆에서 뛰던 아이가 부축해서 끝까지 함께 뛰는 아름다운 모습도 보았단다. 운동회를 통해서 아이들은 몸도 마음도 튼튼해지고, 함께 사는 삶을 배우기도 하지.”

완이와 희야는 느티나무 아저씨의 말씀을 듣고, 아이들이 즐겁게 운동회 하는 모습이 눈에 보이는 듯했어요. 그리고 그 아이들이 부러웠어요. 친구들과 함께 어울린다는 것도 부러웠지만, 무엇보다도 가족들과 함께 즐거운 시간을 보낸다는 것이 부러웠어요. 오누이는 지금 가족과 헤어져 있으니까요.

“느티나무 아저씨, 고맙습니다.”

오누이는 커다란 느티나무 아저씨께 인사를 하고 다시 강물을 따라 흘러갔어요.

어느새 해가 서쪽으로 많이 기울어져 있었어요. 그런데 이게 웬일일까요? 맑던 하늘에 점점 먹구름이 몰려오더니,

갑자기 천둥과 번개가 치며 소나기가 내리기 시작했어요.

차가운 빗줄기가 오누이의 몸을 마구 때렸어요. 굵은 빗줄기에 맞을 때마다 오누이의 몸은 빙글빙글 돌면서 여기저기 거센 물살에 부딪혔어요. 오누이는 태어나서 처음 겪는 이 고통이 너무너무 두려웠어요. 좀 전까지 보았던 아름다운 세상은 간 곳 없고, 금방이라도 오누이를 삼켜 버릴 듯이 사납고 거친 물살과 어둠으로 뒤덮인 세상이 너무나 낯설었어요.

"오빠, 너무너무 아프고 무서워!"

희야가 소리쳤어요.

"나도 무서워. 이 나무줄기를 꽉 붙잡고 버티고 있어. 힘을 내. 절대로 정신을 잃으면 안 돼. 씩씩하게 살아가라고 엄마가 말씀하셨잖아! 이 나무줄기 놓치지 않게 단단히 붙잡고 있어."

강 위로 늘어진 버드나무 줄기를 잡으며 완이가 소리쳤어요. 오누이는 그 작은 몸으로 버드나무 줄기를 붙잡고 밤새도록 내리는 소나기를 이겨냈어요.

새벽이 되자 빗줄기가 가늘어졌어요. 하지만 강물은 엄청나게 불어나서 누런 흙탕물이 콸콸 흘러갔어요. 마치 여름철 장마처럼 무서운 비였어요.

"얘들아, 어린애들이 용케도 그 비를 견뎌 냈구나! 내 팔 위로 올라와서 잠시 쉬렴."

버드나무 할아버지가 대견한 듯이 말씀하셨어요. 오누이는 버드나무 줄기 사이에 기대서 눈을 감았어요. 그리고 곧 잠이 들었어요.

아침이 되자 비는 완전히 그치고 밝은 태양이 머리 위로 떠올랐어요. 오누이는 얼굴을 비추는 따스한 햇볕을 느끼고 잠이 깼어요. 서로의 얼굴을 쳐다보니 온통 상처가 나고 멍이 들어 성한 데가 없었어요. 그래도 둘은 기뻐서 웃었어요. 그 무서운 소나기와 아픔, 무서움 등을 이겨 냈다고 생각하니 자신들이 정말 대견스러웠거든요. 갑자기 어른이 된 것 같았어요. 그때 희야가 들뜬 목소리로 말했어요.

"오빠, 저기 좀 봐."

하늘 한쪽에 아롱아롱 무지개가 걸려 있었어요. 완이와 희야는 무지개가 자기들 마음속에도 뜬 것 같다고 생각했어요. 그리고 어렴풋이 깨달았어요. 세상은 어려움을 이겨 낼 때 더 아름다워진다는 것을요.

다시 여행을 계속하려던 오누이는 풀잎 위에서 영롱하게 반짝이는 것을 발견했어요.

"오빠, 저게 뭘까?"

"어디 한번 가까이 가서 보자."

투명하게 반짝이는 것은 소나기와 함께 내려온 물방울이었어요.

"소나기는 무서웠는데, 너는 참 예쁘고 착해 보이는구나."

완이가 말했어요.

"우리가 모여 비가 되는 거란다. 뭐든지 하나는 약하지만, 여럿이 힘을 합하면 강해지는 법이거든. 너희들도 아마 혼자였다면 그 강한 소나기를 이겨 내지 못했을 거야."

오누이는 그제야 왜 엄마가 항상 서로 도우며 살아가라고 말씀하셨는지 알았어요. 물방울이 말했어요.

"나는 하늘나라를 여행하고 왔단다. 하늘나라에는 해님 달님이 된 오누이가 밤과 낮 동안 서로 헤어져 있다가 새벽에 만난단다. 그래서 어느 땐 기뻐서 울고, 헤어짐이 슬퍼서 울기도 하여 새벽이면 오누이의 눈물이 이슬이 되어 내려온단다. 겨울이 되면 눈물이 얼어 하얗게 서리가 되기도 한단다. 너희 오누이는 함께 있어서 참 행복하겠구나."

물방울의 목소리는 얼굴처럼 또랑또랑했어요. 알밤 오누이는 서로를 쳐다보며 행복한 미소를 지었어요.

"나는 이제 바다를 여행한 뒤 수증기가 되어서 다시 하늘로 올라갈 거야. 그다음 구름이 되어서 이곳저곳을 구경한 뒤 비가 필요한 곳으로 내려갈 거야. 다음에는 소나기가 아니고, 촉촉한 단비로 내려올게. 나는 내가 하는 일이 참 즐거워. 언제나 이곳저곳을 돌아다녀 피곤하기도 하지만, 흥미를 가지고 세상을 보면 너희들처럼 좋은 친구도 만날 수 있거든. 잘 자란 곡식들을 볼 때면 보람도 느껴. 너희도 즐겁게 할 수 있는 일을 찾길 바래. 세상에 도움을 줄 수 있는 일이면 더욱 좋겠지! 너희는 호기심도 많고, 인내심도 많고 무엇보다도 착하니까 반드시 훌륭한 일을 할 수 있을 거야. 그럼 다음에 다시 만나자."

물방울이 이렇게 말하며 또르르 굴러 강물로 들어갑니다. 완이와 희야는 작지만 똑똑한 물방울 친구를 만난 것이 참 행복했어요. 무엇보다도 물방울의 어른스럽고 지혜로운 말들이 고마웠고요.

물방울과 헤어진 오누이는 여행을 계속하다가 예쁜 갈색 줄무늬를 가진 아기 다람쥐를 만났어요. 귀여운 다람쥐는 점심으로 먹을 도토리를 강물에 씻는 중이었어요. 마침 겨울 동안 먹을 양식 준비를 위해 부지런히 알밤과 도토리를 모으고 있던 다람쥐는 알밤 오누이를 보고는 얼른 주웠어요. 완이와 희야는 그때야 자기들이 해야 할 일이 무엇인지 깨달았어요. 그래서 다람쥐에게 말했어요.

"부지런한 아기 다람쥐야, 부탁이 있어. 우리를 그냥 먹지 말고 땅속에 묻어 주렴. 그러면 우리는 싹을 틔우고 점점 자라서 많은 열매를 맺을 수 있어. 그때 너희들에게 맛있는 알밤을 실컷 먹게 해 줄게. 그뿐만 아니라 가을 소풍 나온 예쁜 아이들에게도 알밤을 줄 수 있으니 얼마나 좋겠니?"

완이와 희야는 귀여운 다람쥐들이 자기들 몸을 간지럽히며 숨바꼭질하듯 빠르게 오르내리는 모습, 재잘대며 뛰어다니는 아이들의 모습이 벌써 눈에 보이는 듯합니다.

착한 다람쥐는 오누이를 평평한 땅으로 물고 와서 정성껏 묻어 주었어요. 오누이는 겨울 동안 땅의 영양분을 마음껏 먹고, 따스한 봄바람이 불어오면 힘차게 싹을 틔울 거예요.

이제 몇 년 후면 그곳에 나란히 서서 풍성한 열매를 맺는 오누이 밤나무를 볼 수 있겠지요.

한편 어린 알밤 오누이를 떠나보낸 엄마 밤나무는 걱정이 되었어요. 그래서 매일 기도했어요. 언제나 씩씩하고 지혜롭게 자라서 이 세상에 꼭 필요한 일꾼이 되게 해 달라고요.

그러던 어느 날 엄마 밤나무는 바람으로부터 오누이의 소식을 듣게 되었어요. 오누이가 많은 것을 배우고, 어려움도 잘 이겨 냈다고요. 자기들이 해야 할 일이 무엇인지도 찾았다는 소식을 말이에요. 엄마 밤나무는 무척 행복했어요. 그래서 자꾸만 큰 소리로 웃었어요.

바람 부는 날 가만히 귀 기울여 보세요. 바람에 실려 오는 엄마 밤나무의 기쁜 웃음소리가 들릴 거예요. 사각사각… 호호호…….

(이 동화는 아들 종완이가 초등학교 1학년 때 쓴 것입니다. 학교 숙제로 가족 신문을 만들 때 짧게 썼던 것인데 살을 붙여 퇴고해 두었지요. 이 꼬마 오누이가 벌써 30대가 되었고 아들은 결혼하여 엄마 곁을 떠나갔습니다. 알밤처럼 생육하고 번성하는 가정이 되길 늘 축복 기도합니다.)

뜨개 모자와 엄마

　벌써 12월 중순이다. 우리 가족은 크리스마스 트리 장식 용품을 사러 나갔다. 들뜬 마음으로 트리 용품이 잔뜩 쌓여 있는 곳으로 갔지만, 나에게 고를 기회는 주어지지 않았다. 나무를 비롯하여 모든 트리 장식품을 딸이 골랐다. 나는 그저 딸의 모습을 보는 것만으로도 흐뭇하였다. 하얀 눈이 다닥다닥 붙어 있는 예쁜 눈꽃 나무와 앙증맞은 소품들이 골라졌다.

　트리 용품을 고른 후 딸과 나는 모자를 사러 모자 코너에 갔다. 올해는 유난히 모자를 쓴 사람이 눈에 많이 띈다. 예쁘기도 하거니와 포근하고 따뜻해 보여서 나도 모자를 쓰고 싶어졌다. 나에게는 모자가 어울리지 않는다고 생각하여, 여름에 햇빛을 가리기 위한 목적 외엔 모자를 쓴 적이 없다. 그러니 모자를 고르는 내 마음이 설렐 수밖에 없다. 여러 종류의 모자가 있어서 고르기가 무척 힘들었다.

이 모자, 저 모자를 써 보았지만 역시 어색해 보였다. 그래서 내 모자 사는 것은 포기하고 딸의 모자만 사기로 했다.

나와는 반대로 딸은 무슨 모자를 씌워도 예쁘게 보였다. 그래서 또 고르기가 힘들었다. 그중에서 하얀 뜨개 모자를 씌우니 하늘의 천사처럼 깨끗하고 예뻐 보였다. 그래서 그 모자를 사기로 했다. 그 모자가 정말 손으로 짠 모자는 아니겠지만, 어쨌든 실로 짠 모자를 보니 친정어머니의 향기가 나는 듯했다.

어머니께서는 뜨개질을 잘하셨다. 그래서 내가 초등학교에 다닐 때 양말이나 장갑은 물론 티셔츠, 치마, 스웨터 등 여러 가지 옷을 짜 주셨다. 입다가 옷이 작아지거나 낡게 되면 풀어서 실을 다시 가다듬은 후 다른 옷을 짜 주셨다. 마법사의 손 같은 어머니의 손에서 실들은 마술처럼 예쁜 옷으로 변하곤 하였다. 앞자락에 올록볼록한 무늬가 들어간 빨간 스웨터는 아주 크게 짜서 몇 년 동안 입은 기억이 난다.

그렇게 많이 짜 주신 옷 중에서 내가 가장 좋아했던 것은 연두색 멜빵 치마였다. 그 치마는 아래로 내려갈수록

넓게 짰기 때문에 입으면 주름이 아주 많이 잡혔고, 빙그르르 돌면 부채처럼 둥그렇게 펼쳐져서 꼭 발레를 하는 것 같았다. 그래서 난 그 치마만 입으면 상상의 나래를 활짝 펴고 발레리나처럼 빙글빙글 돌아 보곤 하였다. 지금도 초등학교 4학년 때 소풍 가서 찍은 사진에서 연두색 발레 치마를 입은 내 모습을 볼 수 있다.

　나는 뜨개질을 못한다. 아니, 뜨개질을 할 마음의 여유를 갖지 못한다. 딸은 가끔 나에게 뜨개질을 해 달라고 조른다. 가방도 짜 주고, 모자도 짜 달라고 한다. 그럴 때면 난 못한다고 말하면서 괜히 미안해진다. 바쁜 일상에 쫓기어 딸에게 예쁜 모자도, 가방도 짜주지 못하는 부족한 엄마의 모습이 부끄러워진다. 쉽게 사 주는 물건들에 옛날 어머니께서 나에게 담아 주셨던 만큼 정성이 담겨 있을까 비교하게 된다.

　여고 시절 가사 시간에 대바늘로 조끼를 짜는 과제가 있었다. 나는 비교적 쉬운 뒤판은 어찌어찌 짜 올라갔으나 어깨 부분에서 코를 줄여야 할 때부터 어려움을 느끼기 시작했다. 생각 끝에 어머니께 짜 달라고 졸랐다. 물론 무늬가 들어가는 앞판도 온전히 어머니 몫이 되었다. 난 공부하기도 바쁘다는 핑계로 어머니께 앞과 뒤를 붙여 조끼를 완성하는 과정 모두를 맡겼다. 어떤 사람들은 딸의 숙제를 대신 해 준 어머니의 교육 방식을 나무라기도 하겠지만, 그 뜨개질은 나에게 '사랑'으로 기억되어 오히려 좋은 추억으로 남아 있다.

어머니께서는 가난한 살림살이 때문에 예쁜 옷을 맘껏 사 주지 못하시는 안타까움을 뜨개옷에 담으셨던 것 같다. 한 코 한 코에 정성을 들이시고 내 몸에 치수를 맞춰 보시는 동안 어머니께서는 얼마나 많이 눈으로, 팔로 딸을 안아 주셨을까! 당신이 짜 준 옷을 입은 딸의 예쁜 모습을 상상하며 따뜻한 사랑을 듬뿍 담아 뜨개질을 하셨을 것이다. 그 옷에는 그저 돈으로 편하게 사 주는 옷보다 훨씬 더 많은 사랑이 담겨 있어 딸을 건강하게 키워 내셨다는 것을 어머니께서는 아시는지 모르겠다.

오늘 하얀 뜨개 모자를 쓰고 동그란 얼굴에 순진무구한 눈을 초롱초롱 빛내며 나를 쳐다보는 딸아이의 모습이 너무나 예쁘다. 이 아이는 내가 어렸을 때 입었던 풀빛 발레 치마는 결코 입어보지 못할 것이다. 나는 다른 방법으로 딸에 대한 사랑을 표현하기 위해 노력해야 할 것이다. 지금은 여유가 없지만 내가 더 나이를 먹으면 손녀에게 예쁜 뜨개질을 해주는 멋진 할머니가 되고 싶다는 생각이 문득 들었다.

어머니

하얀 배꽃
부드러움으로 세상 덮는 계절에
당신은 태어나셨지요

하늘의 뜻 따라
한 남자의 아내 되고
다섯 남매 어미 되셨지요

낙엽과 함께 떠나간 지아비
온전히 당신 몫이 된 어린 자식들
넉넉한 품으로 끌어안고 다독인 세월
이제는 엄마 되고 아빠 된
당신의 딸 아들입니다

얼마나 외로우셨을까

어찌 힘들지 않으셨을까
주름이 얼굴을 덮어도
당신은 세상에서
가장 아름다우십니다

건강하게 오래도록 사세요
당신의 그늘 아래 숨 쉬는
우리들입니다

(이 수필은 20여 년 전에 쓴 것이지만, 친정 엄마와 딸의 추억이 함께 담긴 글이라 여기에 싣습니다. 가난했던 모든 엄마, 사랑으로 대를 이어 가는 모든 딸에게 이 글을 바치고 싶습니다.)

싯딤 나무

ⓒ 박천순, 2024

초판 1쇄 발행 2024년 11월 6일

지은이   박천순
펴낸이   이기봉
편집   좋은땅 편집팀
펴낸곳   도서출판 좋은땅
주소   서울특별시 마포구 양화로12길 26 지월드빌딩 (서교동 395-7)
전화   02)374-8616~7
팩스   02)374-8614
이메일   gworldbook@naver.com
홈페이지   www.g-world.co.kr

ISBN   979-11-388-3664-7 (03230)

• 가격은 뒤표지에 있습니다.
• 이 책은 저작권법에 의하여 보호를 받는 저작물이므로 무단 전재와 복제를 금합니다.
• 파본은 구입하신 서점에서 교환해 드립니다.